Was passiert im Kopf von Verliebten? Spielt das Klima verrückt oder die Klimaforscher? Was halten Vegetarier von fleischfressenden Pflanzen? Und was läuft im Kopf von Esoterikern schief? Der Mensch kann nichts besser als denken, das ist seine evolutionäre Nische – aber nicht jeder Gedanke ist automatisch ein kluger. Der Lottospieler denkt: «Die Chance auf einen Sechser beträgt 1 : 14 Millionen – es könnte mich treffen!» Der Raucher dagegen: «Die Chance für Lungenkrebs beträgt 1 : 1000 – warum sollte es ausgerechnet mich treffen?»

«Denken Sie selbst!» – ein lustiges Plädoyer für das Denken und eine Abrechnung mit der großen Klappe, dummem Gequatsche und nervigem Zweidrittelwissen.

Vince Ebert (Jg. 1968) studierte Physik in Würzburg. Nach dem Studium arbeitete er in einer Unternehmensberatung und in der Marktforschung, bevor er 1998 seine Karriere als Kabarettist begann. Er ist bekannt aus TV-Sendungen wie Mitternachtsspitzen, Ottis Schlachthof, dem Quatsch Comedy Club und TV Total. Sein Anliegen: die Vermittlung wissenschaftlicher Zusammenhänge mit den Gesetzen des Humors. Mit seinem Programm «Physik ist sexy» (2004) machte er sich einen Namen als Wissenschaftskabarettist, der mit Wortwitz und Komik sowohl Laien als auch naturwissenschaftliches Fachpublikum unterhält. Mehr über den Autor und alle Tourtermine erfahren Sie unter: www.vince-ebert.de

VINCE EBERT

DENKEN SIE SELBST!

SONST TUN ES ANDERE FÜR SIE

Rowohlt Taschenbuch Verlag

5. Auflage November 2008

Originalausgabe
Veröffentlicht im Rowohlt Taschenbuch Verlag,
Reinbek bei Hamburg, Oktober 2008
Copyright © 2008 by Rowohlt Verlag GmbH,
Reinbek bei Hamburg
Umschlaggestaltung: Esther Wienand,
Herbert Management, Frankfurt a. M.
(Foto: Frank Eidel)
Illustrationen-Idee: Dr. Eckart von Hirschhausen und Vince Ebert
Illustrationen-Umsetzung: Esther Wienand und Sven Lipok,
Herbert Management, Frankfurt a. M.
Gesetzt aus der Stempel Garamond PostScript, InDesign,
bei Pinkuin Satz und Datentechnik, Berlin
Druck und Bindung CPI – Clausen & Bosse, Leck
Printed in Germany
ISBN 978 3 499 62386 8

↘ INHALT

Vorwort Dr. Eckart von Hirschhausen	7
Denk-Anstoß	10
Harte Fakten über die Hardware	15

I.
DENKEN FÜR DEN EIGENBEDARF

Alle Angaben ohne Gewähr	24
Warum hast 'n du so 'nen kleinen Kopf?	29
Beenden, Neustart oder Abbruch?	33
Woanders ist es auch nicht anders	40
Und täglich grüßt das Murmeltier	44
Stau ist nur hinten blöd	50
Aber man kriegt doch so viel zurück	57
Die dümmsten Bauern haben die dicksten Kartoffeln	61
Zurück zur Natur	68
Denk-Übungen I.	73

II.
DENKEN ODER FÜHLEN

Quantenmechanik ist keine Fußmassage	79
Alles heiße Luft	85
Es gibt mehr Ding' im Himmel und auf Erden	89
Aus einer Mücke einen Elefanten machen	95
Verursachen Zahnspangen Pubertät?	100
Von Vampiren und Aufklärern	106
Nach Hause telefonieren	109

Bambi, das Killerreh **114**
Glaubst du noch, oder denkst du schon? **120**
Denk-Übungen II. **129**

III.
DENKEN ALS DIENSTLEISTUNG
No Benefit on Top **134**
Das guckt sich weg **137**
Tall, dark, low fat und entkoffeiniert **141**
Haste mal 'n Euro? **146**
Kunst ist schön, macht aber viel Arbeit **152**
Masine isse son geputzt **158**
Die Schallmauer ist keine Lärmschutzwand **164**
Hauptsache Humor **169**
Denk-Übungen III. **175**

IV.
DENKANSTÖSSIGES
Alles nur die Hormone **180**
Frauen rotieren anders **187**
37 Prozent schlagen «Ex-und-hopp» **192**
Was haben Frauen und Magnetfelder gemeinsam? **198**
Interesse an 'ner Wurmkur, Baby? **204**
Vierzig ist doch kein Alter **207**
Denk-Übungen IV. **212**

Nach – Denken **213**
Lösung und Auswertung Denk-Übungen **217**
Ge – dank – en **220**

↘ VORWORT

Am Anfang war das Wort. Und vorher? Das Vor-Wort?

Bei Babys kann man nachweisen, dass sie schon lange denken, bevor sie anfangen zu reden. Das ist bei Erwachsenen nicht immer der Fall. Der Mensch nutzt nur ein Drittel seines Gehirns. Da fragt man sich doch: Wozu dann das andere Drittel?

Nach-Denken hilft, glaubt Vince Ebert. Denn auch die Physik und die Naturwissenschaften brauchen humorvolle Übersetzer, so wie unsere Fußballnationalmannschaft sie längst hat: «Fußball ist wie Schach, nur ohne Würfel.» (Podolski)

Der Vince und ich sind ein gutes Trio. Wir arbeiten seit vielen Jahren intensiv zusammen. Über die Regie- und Textarbeit entwickelte sich eine tiefe Freundschaft in einer gemeinsamen Mission: die idiotische Unterscheidung zwischen E und U, zwischen ernst und unterhaltsam, in Köpfen, Redaktionen und Sendern zu überwinden. Dazu ist uns jedes Mittel recht. Bühnenprogramme, Fernsehen oder eben Bücher. Und was vorher keiner für möglich gehalten hat: Man kann auch eine Zielgruppe treffen, die sich geistig bewegt!

Als ich Vince das erste Mal in Berlin im Scheinbar-Varieté sah, galt er noch als die Art von Geheimtipp, von der noch keiner etwas gehört hatte. Und er war richtig lustig! Am Scheitern Freude zu haben, ist die wichtigste Voraussetzung als Komiker auf der Bühne – und im Leben sowieso. Als wir dann gemeinsam für sein Soloprogramm «Physik ist sexy» Experimente und für «Denken lohnt sich» sogar Zaubertricks einplanten, gingen die mit Bravour so was von in die Hose, wie man es besser nicht hätte planen können. Vince hat eben viel mit Albert Einstein gemeinsam: Er albert gerne.

Die Intelligenz auf dem Planeten ist konstant – aber die Bevölkerung wächst … Umso vehementer halten Menschen an Meinungen fest, als wäre «Mein-ung» ein Besitzanspruch. Dabei ist der Kopf ja rund, damit das Denken die Richtung ändern kann. Und auf den folgenden Seiten kann man mit jedem Seitenwechsel auch die Perspektive wechseln, was unterhaltsamer ist, als es klingt. Man kann sich mit Vince auch sehr schön darauf einigen, sich nicht zu einigen, zum Beispiel in Glaubensfragen. Immer weniger Deutsche glauben an Gott. Vince freut das. Ich dagegen hoffe, es beruht nicht auf Gegenseitigkeit.

Mein Lieblingswitz: Ein Wanderer hat sich verlaufen, kommt endlich an einen Fluss und hofft, bald eine Brücke und damit einen Weg zu finden. Aber nirgends eine Brücke. Endlich sieht er am anderen Ufer des Flusses einen Bauern und ruft zu ihm hinüber: «Werter Landmann, wie komme ich auf die andere Seite?» Der Bauer denkt eine Weile nach und ruft zurück: «Du bist schon auf der anderen Seite!»

Denken Sie selbst – sonst tun es andere für Sie. Hätte der Wanderer dieses Buch gekannt, wäre der Dialog erfolgreicher gelaufen: «Bauer – wie komm ich zu dir rüber?»

Das unterscheidet den Profi- vom sonstigen Denker: Er denkt nicht mit seinem, sondern mit dem Kopf eines anderen, ergebnisorientiert und ressourcenschonend, gerade im Umgang mit Dienstleistern und dem anderen Geschlecht.

Vince hat auf diese Art sogar seine Freundin erobert, eine bekennende Katzenliebhaberin. Jeder andere Mann hätte zum Zeichen ernsthafter Absichten Blumen gekauft – Vince bereitete ihr eine ganz andere Freude, als sie ihn zum ersten Mal zu Hause besuchte: Er zeichnete auf seine Tür eine Katzenklappe. Sie sah es, lachte, und der Rest war im wahrsten Sinne ein Heimspiel.

Wie beeindruckt man Frauen? Nicht Klappe aufreißen – aufmalen! Wer hätte das gedacht?

Ich wünsche der Katze mehr als sieben Leben, der Beziehung mehr als sieben Jahre und diesem Buch mehr als sieben Auflagen.

Ihnen, geneigte Leser, viel Experimentierfreude mit diesem Werk: Beim Vorlesen und Nachdenken oder beim Vordenken und Nachlesen oder beim Aufschlagen und Ablachen oder gleich beim Zuschlagen – wenn Sie es noch nicht gekauft haben sollten.

Und jetzt sind Sie dran!

PS:
Ein Dank an alle, die dieses Buch kaufen, verschenken und weiterempfehlen. Und an Vince, denn ein Teil des Erlöses unterstützt meine Stiftung «Humor-hilft-heilen» für Komik im Krankenhaus. Denn nicht nur Denken lohnt sich – auch Lachen. Lachen hilft nachweislich gegen Schmerzen, fördert Laune und Gesundheit. Wie Sie uns konkret unterstützen können und was aktuell passiert, erfahren Sie unter www.humor-hilft-heilen.de.

⊿ DENK-ANSTOSS

Denken Sie noch selbst, oder lassen Sie mittlerweile denken? Die meisten lächeln wahrscheinlich beim Lesen dieser Frage. Logisch, denn nicht denken tun ja immer nur die anderen. Man selbst lässt sich natürlich nicht so leicht ins Bockshorn jagen. Und manipulieren schon gleich gar nicht. Schließlich informiert man sich. Man guckt jeden Abend die Tagesschau. Viele kaufen sich regelmäßig eine Zeitung. Weil man sich am Frühstückstisch so schlecht hinter einem Fernseher verstecken kann.

In der Regel geht es in den Medien um Themen wie Volksverfettung, wachsende soziale Armut, einen drohenden Atomkrieg oder noch schlimmer: hohe Spritpreise. Und selbstverständlich hat jeder von uns zu jedem Thema eine klare Meinung. Und was für eine! Bush ist doof, der Dalai Lama ist cool, hohe Spritpreise sind Betrug.

Jede noch so provokante These ist mittlerweile wissenschaftlich abgesichert. Meist von amerikanischen Wissenschaftlern. Warum eigentlich so selten von dänischen oder ukrainischen?

Erst letztes Jahr fanden amerikanische Wissenschaftler in einer Studie heraus, dass es Menschen gibt, die den Verstand verloren haben, ohne je einen besessen zu haben. Andererseits fanden amerikanische Wissenschaftler auch heraus, dass 90 Prozent der Berichterstattungen über Studien, die mit «Amerikanische Wissenschaftler fanden heraus» beginnen, kompletter Nonsens sind.

Was also soll man tun? Selbst denken oder denken lassen? Und vor allem: Was kann man überhaupt noch glauben? Haben Journalisten wirklich Angst vor Pestiziden oder nur vor leeren Seiten? Spielt das Klima verrückt, oder sind es die Klimaforscher?

Was auf jeden Fall klar ist: Selbst zu denken, ist unglaublich anstrengend. Deswegen sind die erfolgreichsten Lebewesen auf unserem Planeten auch Bakterien und Mikroorganismen. Die existieren seit Milliarden von Jahren, weil sie genau *ein* Lebensmotto haben: Ball flach halten, keinen Stress aufkommen lassen, möglichst wenig denken. Das ist der Schlüssel zu einem langen Leben. Deswegen sterben die Dummen nie aus. Ist ja auch klar: Den Überblick zu behalten, ist wahnsinnig anstrengend. Wenn der Vogel Strauß eine Gefahr sieht, steckt er den Kopf in den Sand. Dann ist die Gefahr weg, weil er sie nicht mehr sieht. Warum macht er das? Weil beim Vogel Strauß die Augen größer sind als das Gehirn. Gut, jetzt sagen einige Frauen: «Mensch, mit so 'nem Typen bin ich zusammen!»*

Rein körperlich gesehen, ist ein großes Hirn so ziemlich das Lästigste, was es gibt. 20 Prozent der gesamten Energiezufuhr gehen direkt in die Birne. Ob Sie wollen oder nicht. Und für die wirklich wichtigen Tätigkeiten wie Schlafen, Essen, Verdauen oder Fortpflanzen reicht Ihnen im Prinzip das Rückenmark. Warum also leistet sich die Evolution so eine unglaubliche Verschwendung? Weil wir Menschen nichts anderes gut können. Praktisch jedes Lebewesen ist uns in irgendeiner Eigenschaft haushoch überlegen. Es gibt eine Tintenfischart, dessen Männchen einen Begattungsarm besitzt, der sich vom eigentlichen Körper abtrennen kann. Wirklich! Der schwimmt dann mit dem Samen alleine weg und befruchtet selbständig die Weibchen.

---

* *Bevor Sie Falsches über mich denken: Ich weiß natürlich, dass das nicht stimmt. Der Strauß-Mythos entstand, weil sich der Strauß in Gefahrensituationen flach auf sein Nest legt, um es zu tarnen. Aus gewisser Entfernung sieht es dann so aus, als stecke er seinen Kopf in den Sand.*

Im Endeffekt ist das eine super Sache – wenn beispielsweise die Paarungszeit genau mit dem Bundesligastart zusammenfällt.

Und was können wir? Wir können nicht besonders gut hören oder riechen, sind kümmerlich behaart (zumindest die meisten), haben keine Krallen und keine Reißzähne. Als wir vor zwei Millionen Jahren auf der Bildfläche erschienen sind, hätte jede Marketingabteilung schon vor der Serienproduktion gesagt: «Aufrechter Gang? Den braucht kein Mensch!»

Aber trotzdem haben wir uns vermehrt wie die Karnickel. Wir haben Herden gebildet, haben das Rad, die Pockenschutz-impfung und schließlich sogar den elektrischen Fensterheber erfunden. Denken ist unsere evolutionäre Nische. Insofern finde ich es immer wieder erstaunlich, dass es so wenige tun.

Dabei ist echtes «Nichtdenken» extrem schwer, sogar praktisch unmöglich – selbst für den größten Holzkopf. Man denkt immer an irgendwas. Und meistens genau dann, wenn man gerade an nichts denken will. «Wann wurde eigentlich zum letzten Mal die Decke gestrichen? Hab ich das Bügeleisen ausgemacht? Wie lautet nochmal schnell das Gödel'sche Theorem?»

Vielleicht mache ich mir auch zu viele Gedanken. Aber was soll ich tun? An allen Ecken und Enden wimmelt es von Denkfallen und Denkfehlern. Neulich beim Einkaufen las ich zufälligerweise auf einer Senftube: *Mindestens haltbar bis 14.03.2011 – ELF UHR VIER*. Ich stutzte. Was genau geschieht wohl an diesem 14. März um 11 Uhr 4? Und was würde passieren, wenn ich mit dieser Tube genau zu dem Zeitpunkt in einem Flugzeug sitze und eine andere Zeitzone überfliege?

Wie kann es sein, dass Lebewesen mit einer nahezu gleichen Anzahl von Synapsen und Neuronen einerseits die Brandenburgischen Konzerte und andererseits *Cheri Cheri Lady* komponieren können?

Ich machte mich also daran, zu untersuchen, wie unterschiedliche Lebewesen ticken. Ob Unternehmensberater, Atomphysiker oder die Vampirfledermaus – jeder benutzt die glibberige Masse im Kopf anders. Intellektuelle werden oft als Vordenker bezeichnet. Wissenschaftler als Nachdenker. Philosophen sind Querdenker. Ein Handwerker ist gut, wenn er ein Mitdenker ist. Und dann gibt es noch die große Gruppe der Nichtdenker. Das sind die, die das Denken outgesourct haben. Umgangssprachlich nennt man sie oft dumm, blöd oder doof, weil sie fremddenken lassen. Und ich habe mittlerweile erkannt, dass auch das nicht immer dumm ist – energiesparender auf jeden Fall. Man kann sich schließlich nicht um alles kümmern. Viele sagen sich: «Warum soll ich mich verrückt machen, wenn das andere doch genauso gut können? Da schwimme ich doch lieber mit der Masse.»

Mein Nachbar zum Beispiel fährt einen Umweg von zwanzig Kilometern, um für einen Cent weniger zu tanken. Jugendliche kaufen sich das neueste Handy und laden Klingeltöne aus den siebziger Jahren herunter.

Mir geht es besser, seit ich mir klargemacht habe, dass andere anders denken als ich. Denn dadurch kann ich meinen Denkstil an den der anderen anpassen.

Wenn Sie dieses Buch lesen, erfahren Sie, wer Selbst-, Fremd- und Nichtdenker ist. Vielleicht kommen Sie ja auch Ihrem eigenen Denken auf die Spur und lernen, nicht zu verzweifeln, wenn Ihnen ein Kellner wieder mal zuruft: «Tut mir leid, die Maschine ist schon geputzt …»

Die Einzigen, die das übrigens mit dem Nichtdenken passabel hinbekommen, sind tibetanische Mönche. Die setzen sich dreißig Jahre lang in eine Höhle und üben, an absolut nichts zu denken. Wer das am längsten durchhält, heißt dann «Erleuch-

13 ⌐ DENK-ANSTOSS

teter». Ist demzufolge das Gegenteil von «denken» also «glauben»? Oder «doofen»? Was hast du gestern gemacht?» «Ach, ich hab nur so vor mich hin gedooft …»

Wie halten Sie es, liebe Leser? Genießen Sie es auch mal, sich für ein Wochenende vom Denken zu befreien? Ich hoffe, die Restlaufzeit Ihres Gehirns hält noch für die nächsten 200 Seiten.

Viel Spaß beim Mitdenken!

Ihr

↘ HARTE FAKTEN ÜBER DIE HARDWARE

Bevor wir uns dem großen Thema Denken widmen, sollten wir die Funktionsweise unseres Denkorgans etwas genauer unter die Lupe nehmen.

Mit dem menschlichen Gehirn hat die Evolution zweifellos ihr Spitzenprodukt hervorgebracht, ein Bündel von hundert Milliarden Nervenzellen. Jede einzelne dieser Nervenzellen, auch Neuronen genannt, ist mit zehntausend anderen über die sogenannten Synapsen verbunden. Ein unglaubliches Kuddelmuddel, das unser gesamtes Leben bestimmt. Oberflächlich gesehen, arbeitet unser Gehirn ein wenig wie die EU. 99 Prozent aller Aktivitäten werden für interne Abläufe aufgewendet. Da werden Anträge geprüft, Entscheidungen abgelehnt, Widersprüche eingelegt, Genehmigungen erteilt, in Revision gegangen und zahllose Vermerke gemacht – und genauso wie bei der EU kriegt der kleine Mann davon praktisch nichts mit. Denn nur ein Prozent der gesamten Energieleistung wird für die Kommunikation mit der Außenwelt verwendet. Aber trotzdem arbeitet unser Gehirn – im Gegensatz zu den Damen und Herren in Brüssel – hocheffektiv. Pro Sekunde werden wir von außen mit etwa 100 000 verschiedenen Impulsen bombardiert. Würde jeder dieser Reize verarbeitet werden, bräuchten wir buchstäblich einen «Kopf wie ein Rathaus». Das Gehirn schafft Abhilfe, indem es nur solche Informationen verarbeitet, die unseren Erwartungen widersprechen, die neu sind oder auf eine drohende Gefahr hinweisen. Sagen Sie einfach mal auf einer belebten Party halblaut das Wort «Steuerfahnder», und Sie stehen ruck, zuck alleine im Raum.

Wir hören also nicht, was wir hören, sondern was unser Gehirn uns hören *lässt*. Und so ist es mit allen Sinneseindrücken. Bei genauerem Hinsehen erweist sich die herausragende Fähigkeit unseres Hirns, Zusammenhänge zu konstruieren, Strukturen und Ordnungen zu erkennen und nach Ursachen und Wirkungen zu suchen, ab und an als intellektueller Bumerang.

Was sehen Sie oben in nebenstehender Zeichnung? Einen Würfel? Ich muss Sie leider enttäuschen. In Wirklichkeit sehen Sie zwölf schwarze Linien auf einem weißen Blatt Papier. Der Würfel ist nichts anderes als eine Interpretation Ihres Gehirns. Die untere Zeichnung enthält exakt die gleiche Information (falls Sie übrigens auch hier einen Würfel erkennen können, sollten Sie einen guten Neurologen aufsuchen).

Unser Denkorgan rekonstruiert und interpretiert auf geniale Weise unsere Umwelt, und das bezeichnen wir als «Realität». Doch tatsächlich ist «da draußen» nichts so, wie es unsere Sinne empfinden. Musik ist nichts weiter als periodische Schwankungen des Luftdrucks. Wärme und Kälte sind nichts weiter als Moleküle, die sich mehr oder weniger langsam bewegen. Unsere Augen spiegeln uns einen massiven Stein dort vor, wo in Wirklichkeit nur ein Vakuum ist, in dem ein paar Protonen, Neutronen und Elektronen herumschwirren.

Deswegen sollten wir das Wort «wirklich» nicht mit zu viel Selbstvertrauen benutzen. Schon Fledermäuse oder Bienen nehmen die Umwelt vollkommen anders wahr. Oder ein Neutrino. Neutrinos sind elektrisch neutrale Elementarteilchen, die alles durchdringen, weil sie praktisch nicht mit Materie wechselwirken. Hätte also ein Neutrino Sinnesorgane und ein Gehirn, würde es sagen, dass unsere gesamte Welt nur aus leerem Raum besteht (siehe dazu auch Seite 155).

Ein wesentlicher Grund für optische Täuschungen liegt in der Verarbeitung von äußeren Signalen. Die menschliche Netzhaut

PSYCHOTEST

Wie viele Würfel erkennen Sie?

o ☐
1 ☐
2 ☐

hat ca. 130 Millionen Rezeptoren, aber der Sehnerv kann gerade mal eine Million Informationen weiterleiten. Das heißt, über 99 Prozent der optischen Realität schustert sich unser Gehirn selbst zusammen. Insofern ist es ein Wunder, dass wir unseren Partner jeden Morgen wiedererkennen (obwohl das zugegebenerweise manchmal schwierig sein kann). Das ist eine unglaubliche Leistung, aber auch ein großer Nachteil unseres Gehirns. Denn es erkennt selbst dann Strukturen und Ordnungen, wenn es überhaupt keine gibt, und leitet daraus Gesetzmäßigkeiten ab. «Wärme dehnt die Dinge aus – deswegen sind die Tage im Sommer länger!» Klingt logisch, ist aber falsch.

Seien Sie deshalb kritisch und glauben Sie nicht alles. Wenn die Ampel rot ist, fahren Sie einfach mal drüber. Es könnte eine optische Täuschung sein. Selbst Zeit und Raum werden im Gehirn stärker verzerrt, als Albert Einstein es sich hätte träumen lassen. Die letzte Spielminute dauert ewig. Das Tor des Gegners ist kleiner, der Torwart größer. Unser gesamtes Bild von der Umwelt gleicht nicht einem Foto, sondern eher einem mittelalterlichen Gemälde, in dem bedeutende Personen größer dargestellt sind. Ärmere Kinder überschätzen die Größe von Geldmünzen. Wenn wir Fieber haben, haben wir den Eindruck, dass die Zeit schneller vergeht. Adrenalin bewirkt das Gleiche. Deswegen haben wahrscheinlich ängstliche Menschen immer das Gefühl, alles könnte zu spät sein.

Und weil das Gehirn die Realität eben nicht identisch abbildet, sondern mehr oder weniger willkürlich *konstruiert*, können wir gar nicht anders, als uns etwas vorzumachen. 80 Prozent aller weiblichen Autofahrer halten sich für überdurchschnittlich gute Verkehrsteilnehmer. Bei den Männern liegt der Anteil sogar bei 104 Prozent. Auch wer nicht viel von Statistik versteht, kommt hier ins Grübeln.

Kennen Sie das Phänomen der Schmerzpriorität? Wenn der menschliche Körper an zwei unterschiedlichen Stellen gleichzeitig Schmerzen bekommt, dann entscheidet sich das Gehirn automatisch für den stärkeren. Ein Phänomen, das Sie zu Hause ganz leicht überprüfen können: Wenn Sie sich das nächste Mal den kleinen Zeh am Tischbein anhauen, holen Sie sich schnell einen Hammer und hauen sich mit voller Wucht auf den Daumen. Was glauben Sie, wie egal Ihnen plötzlich Ihr kleiner Zeh ist.

Ist Ihnen schon mal aufgefallen, dass der Mond viel größer ist, wenn er knapp über dem Horizont steht und durch die Bäume scheint? Auch da spielt uns unser Gehirn einen Streich. Objekte erscheinen nämlich immer dann sehr viel größer, wenn in ihrem Umfeld optische Störgrößen vorhanden sind. Wahrscheinlich lassen deswegen viele Männer beim Sex auch die Socken an. Diese Mondillusion kann man übrigens ganz einfach «abschalten», indem man den Mond kopfüber anschaut. Probieren Sie's aus. Wenn das nächste Mal der Mond knapp über dem Horizont steht, dann schauen Sie ihn einfach durch die Beine an, und – zack! – schrumpft er auf die normale Größe. In diesem Zusammenhang noch ein kleiner Tipp an die Leserinnen: Bei der nächsten Eroberung einfach mal die Perspektive wechseln.

Glücklicherweise ist unser Gehirn nicht nur in der Lage, sich glaubhaft eine Wirklichkeit vorzugaukeln, sondern auch, sich dieser Täuschungen bewusst zu werden. Darum geht es in diesem Buch. Auf den folgenden Seiten habe ich versucht, viele Dinge unter einem anderen Blickwinkel zu betrachten. Denn oft erweisen sich dadurch scheinbar in Stein gemeißelte Wahrheiten als ziemlich brüchig. Es ist noch gar nicht so lange her, da hielten die Menschen die Erde für eine Scheibe. Nicht, weil sie dumm waren. Sie waren einfach nur nicht weit genug herumgekommen …

I.

DENKEN FÜR DEN EIGEN-BEDARF

↘ Seescheiden sind ein Sonderfall der Biologie. In der Jugend schwimmen die wirbellosen Tiere munter durch den Ozean. Sobald sie es sich auf einer Sandbank bequem gemacht haben, lösen sie ihre primitiven Gehirne auf. Das Gleiche passiert bei höheren Wirbeltieren beim Fernsehen.

Tatsächlich häufen sich die Hinweise, dass die um sich greifende sesshafte Lebensweise gefährlich für das Gehirn ist. Neurowissenschaftler fanden heraus, dass träge und faule Menschen ein dreifach höheres Alzheimer-Risiko haben als agile. Anscheinend braucht unser Gehirn ein Mindestmaß an körperlicher Bewegung, um die Betriebsbedingungen aufrechtzuerhalten. Menschen, die ihr Dasein vorzugsweise im Sitzen oder Liegen verbringen, haben nicht nur mit Diabetes, Rückenschmerzen oder verkalkten Arterien zu kämpfen, sondern auch mit Gehirnschwund. Gleichzeitig ist körperliche Aktivität die beste Medizin, wenn das Gehirn bereits erkrankt ist. Eine Stunde laufen am Tag wirkt so gut wie 100 Milligramm Betablocker. Dummerweise gibt es Laufen aber nicht auf Rezept.

In diesem Kapitel geht es um Denkfallen und Denkfehler im Alltag. Auf den nächsten Seiten lernen Sie, wieso es mehr Lottogewinner als Blitzopfer gibt und warum uns das Fernsehen tatsächlich geistig überfordert. Sie erfahren, warum Kinder und alte Menschen so gnadenlos offen sind und was der wahre Grund für einen Verkehrsstau ist. Und nicht zuletzt erfahren Sie, dass Menschen, die sich die ganze Welt angeschaut haben, oft mit derselben Weltanschauung zurückkommen, mit der sie gestartet sind.

Ich hoffe, meine kleinen Erfahrungsberichte bieten für Sie sachdienliche Hinweise …

↘ ALLE ANGABEN OHNE GEWÄHR

Alle paar Monate bricht in Deutschland das Lottofieber aus. Sobald der Jackpot auf über zehn Millionen steigt, dreht die gesamte Nation durch und kreuzt stapelweise Tippscheine an. Dabei ist die Wahrscheinlichkeit, den Jackpot zu knacken, unglaublich klein. Sogar so klein, dass es praktisch keinen Unterschied macht, ob man überhaupt spielt oder nicht. Oder wie der Mathematiker sagt: «Lottospielen ist eine Sondersteuer für Menschen, die nicht rechnen können.» Berechnen kann man nur die Wahrscheinlichkeit, zu gewinnen. Und die liegt für einen Sechser bei mickrigen 1:14 Millionen.

Warum aber stellen wir uns trotzdem jeden Freitagnachmittag in die Schlange vor der Lottoannahmestelle und machen unsere Kreuzchen? Verantwortlich dafür ist der Nucleus accumbens. Dieser kleine Bereich in unserem Vorderhirnlappen ist für die Dopamin-Ausschüttung zuständig. Dopamin ist ein chemischer Botenstoff, der kurzfristige Glücksgefühle auslöst: beim Sex, beim Schokoladeessen oder eben auch – beim Lottospielen.

Fatalerweise sprudelt die chemische Glücksdusche nicht etwa dann am stärksten, wenn die Kugeln bereits erfolgreich gefallen sind, sondern *während* sie fallen. Der neurologische Kick liegt also weniger im Gewinnen, sondern im Zocken. Eine Weisheit, die Lottogesellschaften und Spielbanken offenbar von Konfuzius übernommen haben: «Der Weg ist das Ziel.» Dadurch wird auch klar, dass es Spielsüchtige gibt. Denn der Gewinn ist unserem körpereigenen Belohnungssystem nicht so wichtig. Ganz im Gegensatz zu Ihrem Banker. Der schüttet kein Dopamin aus, sondern nimmt Ihnen das Haus weg.

Ein weiterer Grund für unseren ausgeprägten Hang, mit unserem Glück zu spielen, ist die menschliche Unfähigkeit, mit Wahrscheinlichkeiten umzugehen. Unser Gehirn ist schlicht und einfach nicht dafür ausgerüstet. Beim Lottospielen sagen wir: Die Chancen auf einen Sechser stehen 1:14 Millionen – es könnte mich treffen. Beim Rauchen sagen wir: Die Chancen, an Lungenkrebs zu erkranken, liegen bei 1:1000 – warum sollte es ausgerechnet mich treffen?

Diese menschliche Schwäche ist auch der Hauptgrund, weshalb wir am Roulette-Tisch Geld verlieren. Man schaut sich die zurückliegenden Würfe an und vermutet intuitiv: «Nach fünfmal Rot muss doch jetzt einfach Schwarz kommen!» Warum ist das Quatsch? Weil eine Kugel kein Gedächtnis hat.

Die Chance, einen Sechser im Lotto zu haben, ist etwa vierzehnmal geringer, als im Laufe seines Lebens vom Blitz erschlagen zu werden. Warum aber gibt es dann trotzdem pro Jahr ein paar Dutzend Lottomillionäre, aber kaum Blitztote? Auch hier weiß der Mathematiker Rat: weil es unterschiedlich viele Menschen auf den Versuch ankommen lassen! Würden sich alle Lottospieler bei jedem Gewitter ins Freie stellen, sähe die Statistik vollkommen anders aus.

Dieselbe Gesetzmäßigkeit erklärt auch so unwahrscheinliche Ereignisse, dass sich nach zwanzig Jahren Zwillingsbrüder, die nach der Geburt getrennt wurden, zufällig in einem Zugabteil begegnen. Die Wahrscheinlichkeit, unter allen Menschen auf der Welt einen bestimmten zu treffen, ist natürlich irrsinnig gering. Bei der enormen Menge von sechs Milliarden Menschen jedoch ist es so gut wie sicher, dass es ständig Ereignisse gibt, die auf solch sonderbaren Zufällen beruhen.

Doch weil wir für das Phänomen des Zufalls kein Sinnesorgan haben, neigen wir dazu, ebendiesen zufälligen Ereignissen eine unangemessene Bedeutung zu geben. Viele Menschen meinen, sie müssten übersinnliche Kräfte bemühen, wenn eigentlich nur Wahrscheinlichkeiten ihre Arbeit tun. Was schätzen Sie: Wie viele Personen müssen in einem Zimmer sein, damit die Wahrscheinlichkeit über 50 Prozent beträgt, dass zwei am selben Tag Geburtstag haben? Nur 23 (!). Bei Zwillingen sogar noch deutlich weniger.

Oder stellen Sie sich einen Würfel mit einer Kantenlänge von einem Kilometer vor. Dieser Würfel ist randvoll mit Wasser gefüllt. Im Boden ist ein Loch, aus dem pro Sekunde hundert Liter auslaufen. Wie lange dauert es, bis der Würfel leer ist? Nur schätzen, nicht rechnen! Ein paar Minuten? Einen Tag? Eine Woche? Die korrekte Antwort: 317 Jahre. Das zeigt, wie schnell unser Geist im Umgang mit Zahlen und Wahrscheinlichkeiten an die Grenzen seiner Vorstellungskraft stößt.

Für die Lottogesellschaften ist das natürlich ein Segen. Was wir auch tun, wir tun intuitiv genau das Falsche, um die dicke Kohle einzustreichen.

Neurobiologen haben festgestellt, dass uns die Liebe zu Mustern angeboren ist. Also tippen wir Quadrate oder Rauten. Wir glauben an Strukturen, geben bestimmten Zahlen einen Sinn und erheben diese zu Glücks- oder Unglückszahlen. Manchmal allerdings funktioniert es wirklich. Letztes Jahr habe ich an einem Freitag dem 13. genau um 13.13 Uhr einen Lottoschein abgegeben und tatsächlich – Pech gehabt. Das kann doch kein Zufall sein!

Der Magier und Löffelverbieger Uri Geller hält übrigens die Zahl 11 für besonders mystisch. Und zwar in allen Variationen und Multiplikationen. Also 11, 22, 33. Auch 38 ist laut Geller eine super Zahl. Weil 3+8 auch 11 ist! Oder auch 74. Oder 65 … Alle Angaben sind natürlich wie immer ohne Gewähr.

Wenn Sie also unbedingt Lotto spielen wollen, dann tippen

sie *keinesfalls* bestimmte Muster. Denn auf diese einmalige Idee kommen die meisten. So gab es 1984 für sechs Richtige umgerechnet nur 8000 Euro, weil 69 Menschen auf die Zahlen 1, 3, 5, 9, 12 und 25 getippt hatten.

Doch selbst wenn man tatsächlich richtig absahnt, fangen die Probleme erst an. 80 Prozent aller Lottogewinner stehen nach zwei Jahren finanziell schlechter da als vorher. Mein Nachbar zum Beispiel hatte vor einigen Monaten einen Dreier mit Zusatzzahl – von dem Gewinn ist nix mehr da. Alles verjubelt. Und genau deswegen spiele ich auch nicht. Weil ich Angst habe, nach zwei Jahren in die bittere Armutsfalle zu geraten.

Der bisher höchste Jackpot in Deutschland lag übrigens bei 45 Millionen Euro. Was, bitte schön, soll man mit so viel Geld anfangen? Ich weiß es beim besten Willen nicht. 5,3 Tonnen weißen Trüffel kaufen? Oder 3789 Freunde auf einen Firstclass-Flug nach Neuseeland einladen? Aber was zum Teufel macht man dann dort? Außerdem haben die meisten Menschen gar nicht so viele Freunde. Mir fallen gerade mal fünf ein.

Offenbar ist es also gar nicht so einfach, mit Reichtum gut umzugehen. Das ist mir zum ersten Mal klargeworden, als ich vor einigen Jahren auf einem Nobel-Kreuzfahrtschiff für die Abendunterhaltung engagiert wurde, zwei Wochen lang Luxus pur. Ich war vollkommen überfordert. Da werden Sie von hinten bis vorne bedient. Bevor Ihr Organismus überhaupt an so etwas wie Verdauung denkt, hat man Ihnen oben schon wieder drei Mahlzeiten reingedrückt. Erfreulicherweise habe ich auch coole Leute getroffen. Eine ältere Dame flüsterte mir mit verschmitzter Miene an der Bar zu: «Wer glaubt, Geld macht nicht glücklich, gibt es einfach nur falsch aus.»

Was ich machen würde, wenn ich durch einen Lottogewinn plötzlich Multimillionär wäre, ist klar. Ich würde mir einen Fußballer kaufen und ihn bei mir zu Hause als Putzhilfe einstellen. Ronaldinho zum Beispiel. Wer in Barcelona vor 98 000 Fans die Ecken schießt, der kann sie bei mir auch putzen. Das stelle ich mir super vor, wenn Freunde zu Besuch kommen. «Sag mal, Vince, ist das bei dir im Flur nicht der Ronaldinho? Ich dachte, der spielt in Spanien Fußball?» Und dann würde ich grinsend antworten: «Ja, hat er mal. Aber er wollte eben auch mal was Sinnvolles tun. Erzähl's aber bitte nicht weiter. Er möchte nämlich nicht, dass man es an die große Glocke hängt …»

↘ WARUM HAST 'N DU SO 'NEN KLEINEN KOPF?

Wissen Sie, was ich an Kindern mag? Kinder sind so g-n-a-d-e-n-l-o-s ehrlich. Toll. Immer gerade raus. Letzte Woche wartete ich an einer Bushaltestelle. Neben mir stand ein total goldiges, fünfjähriges Mädchen – Typ Pippi Langstrumpf mit Zöpfen und Zahnlücke. Die Kleine musterte mich von oben bis unten und fragte mich schließlich: «Duhu – wieso hast 'n du so 'nen kleinen Kopf?» Ich war wie vom Donner gerührt. Die umstehenden Passanten blickten mich aus den Augenwinkeln an, kicherten und feixten. Punktgenau hatte mich Pippi Langstrumpf an meiner empfindlichsten Stelle getroffen. Seit ich denken kann, schäme ich mich nämlich für meine etwas zu klein geratene Birne. Bis zu meinem zwölften Lebensjahr war mein Kopf sogar so schmal, dass ich fast mit beiden Augen gleichzeitig durch ein Schlüsselloch gucken konnte. In der Pubertät jedoch hat sich das glücklicherweise etwas verwachsen. Also eigentlich

29 DENKEN FÜR DEN EIGENBEDARF

genau zu dem Zeitpunkt, an dem ich diese Fähigkeit zum ersten Mal sinnvoll hätte einsetzen können.

Aber trotzdem erinnerten mich die Worte des kleinen Mädchens mit der Zahnlücke schmerzhaft an meine jugendlichen Komplexe. Ich rang also nach Luft, sammelte mich kurz und zischte ihr dann zu: «Warum ich so einen kleinen Kopf habe? Damit die Zähne nicht so weit auseinanderstehen wie bei dir!» Ungläubig und etwas verunsichert blickte sie mich an, um dann besserwisserisch zu erwidern: «Aber meine Mama hat gesagt, da wachsen noch zwei.» Diabolisch grinsend beugte ich mich zu ihr hinunter, sah ihr lange in die Augen und antwortete: «Du darfst deiner Mama nicht alles glauben …»

Warum sind Kinder eigentlich so direkt? Die Antwort liegt im präfrontalen Kortex, auch Stirnlappen genannt. Er liegt unmittelbar hinter der Stirn und ist quasi der «Aufpasser» oder «Vorstandschef» unseres Gehirns, also eine Art Hemmungsmechanismus, der uns unter anderem leise bis zehn zählen lässt, bevor wir die Politesse als «dumme Kuh» beschimpfen.

Bei Kindern und Jugendlichen hingegen befindet sich der Stirnlappen noch in der Feinabstimmungs- und Entwicklungsphase. Neurobiologisch gesehen war Pippi an der Bushaltestelle also nicht rotzfrech, sondern sie hat einfach nur begonnen, ihren präfrontalen Kortex warmlaufen zu lassen. Und der ist für unseren geistigen Reifeprozess extrem wichtig. Ein intakter Stirnlappen hilft uns, vorauszuplanen, Impulsen zu widerstehen und ganz allgemein – erwachsen zu werden. Verfällt der Stirnlappen am Ende des Lebens, beginnen sich alte Männer wieder wie Teenager zu verhalten, in dem sie beispielsweise nach der Krankenschwester grapschen, Cabrios kaufen oder mitten im Sommer mit Skistöcken durch die Gegend laufen.

Natürlich gibt es auch Gebiete, in denen das junge, unfertige Gehirn dem gesunden, erwachsenen haushoch überlegen ist. Ein Kind mit drei Jahren hat zum Beispiel doppelt (!) so viele neuronale Verbindungen wie ein Erwachsener. In dieser Lebensphase hat das menschliche Gehirn nicht die geringste Schwierigkeit, so etwas Hochkomplexes wie Sprachen, Verhaltensweisen und Lebensstile zu erlernen. Die Kinder der Eingeborenen des amazonischen Regenwaldes können bis zu einhundert verschiedene Grüntöne unterscheiden, die der Inuit im nördlichen Polarkreis sind fähig, ein Dutzend verschiedene Formen von Schnee auseinanderzuhalten. Und in Polen können schon Dreijährige die Originalfarbe eines umlackierten Fahrzeugs am Geruch erkennen.

Bis zum Jugendalter allerdings wird ungefähr die Hälfte der Verknüpfungen wieder aufgelöst. Ein großer Teil der Gehirnentwicklung bei Kindern besteht also darin, die für den Alltag notwendigen neuronalen Verbindungen zu intensivieren und die, die nicht gebraucht werden, abzubauen.

Auch bei mir hat sich schon sehr früh meine glühende Leidenschaft für die Naturwissenschaften entwickelt. Nach Aussagen meiner Mutter habe ich bereits als Säugling auf der Wickelkommode mehrfach die Fallgesetze überprüft und mit fünf beim Pinkeln auf einen Weidezaun die ersten Experimente mit elektrischer Leitfähigkeit durchgeführt.

Tatsächlich habe ich an nichts anderes gedacht als an Physik. Wenn ich in der Schule nach der wichtigsten Person des deutschen Widerstands gefragt wurde, fiel mir nur der Name «Georg Ohm» ein.

Auch die Lieblingssendungen meiner Kindheit waren nicht etwa Flipper oder Lassie, sondern Telekolleg Physik. Erinnern Sie sich noch? Da standen flippige, junge Wissenschaftler in abgefahrenen Klamotten vor abstrusen Apparaturen und erklärten mit ernster Miene: «Heute das Ohm'sche Gesetz. Spannung und Strom. Sehen wir uns das zunächst im Trickfilm an …» Telekolleg Physik – MacGyver für Arme!

Leider waren meine Eltern damit vollkommen überfordert. Ständig habe ich sie mit Fragen gelöchert: «Wenn man Trockeneis schmilzt, kann man darin schwimmen, ohne nass zu werden? Kann ein Pantomime die Schallmauer durchbrechen?»

Und in der Pubertät wurde alles noch schlimmer. Mit 14 habe ich dem Nachbarshund selbstgebastelte Kontaktlinsen eingesetzt. Mit klitzekleinen, aufgemalten Katzen. In der Zeit habe ich auch von allen James-Last-Kassetten meiner Eltern die Bandgeschwindigkeiten berechnet. Die ergibt sich folgendermaßen: Bandlänge geteilt durch Laufzeit. Laufzeit = 45 Minuten – Bandlänge = zwölfmal von der Küche ins Bad und wieder zurück …

Doch ich konnte – wie so viele Jugendliche – einfach nichts dafür. Dem Neurologen Jay Giedd sei Dank, denn er wies nach, dass das jugendliche Gehirn zu Beginn der Pubertät noch einmal einen regelrechten Wachstumsschub erlebt. Viele Nervenverbindungen bauen sich in dieser Phase innerhalb kürzester Zeit komplett um. Außerdem laufen die Nervensignale im Oberstübchen dreißigmal schneller. Kein Wunder, dass viele Teenager in der Zeit dem Geschwindigkeitsrausch verfallen.

Diese Neustrukturierung ist vermutlich der Grund für die wechselnden Launen und Gemütslagen der Jugendlichen. Außerdem haben Pubertierende extreme Schwierigkeiten, die Gefühle anderer richtig einzuschätzen, da der neuronale Umbau auch in Teilen des Gehirns vonstattengeht, in denen Schuldgefühle und Einfühlungsvermögen verarbeitet werden. Wahrscheinlich hatte ich deswegen auch kein schlechtes Gewissen, als ich damals unseren Wellensittich bei Gewitter auf den Balkon gestellt habe. Warum auch? Ich wollte lediglich das Prinzip des Faraday'schen Käfigs überprüfen.

↘ BEENDEN, NEUSTART ODER ABBRUCH?

Das große Dilemma der menschlichen Existenz ist ja, dass unser Gehirn in der Lage ist, sich Fragen zu stellen, die es von vornherein nicht beantworten kann: Was macht die Zeit, wenn sie vergangen ist? Hat das Universum einen Sinn? Und wieso sind Gebrauchsanleitungen von elektrischen Saftpressen so dick wie ein russisches Revolutionsepos?

Als vor achtzig Jahren das Telefon erfunden wurde, passte die Bedienungsanleitung locker auf eine DIN-A4-Seite. Heute brauchen Sie dafür eine eigene Regalwand. Allerdings wird jetzt auch alles ganz genau erklärt. In der Telekom-Broschüre «ISDN leicht gemacht» heißt es: «Die ISDN Steckdosenleiste darf nur direkt an den NT angeschlossen werden. Nur beim Anschluss an eine interne Schnittstelle einer Tk Anlage stehen den Endgeräten an diesem SO Bus die Funktionen der Tk Anlage zur Verfügung.»

Ich glaube, der 14-Stunden-Tag wurde nicht deswegen abgeschafft, damit wir mehr Freizeit haben, sondern um stundenlang Computer, Telefonanlagen oder Eierkocher zu programmieren: «Shift Menü ‹Ei› select ‹weich› program select go to tuning setup 5 …»

Warum das so ist, wird klar, wenn man einen Blick auf die

33 DENKEN FÜR DEN EIGENBEDARF

Menschen wirft, die hinter diesen Technologien stecken. Auf 300 Produktentwickler kommt nämlich nur ein Einziger, der sich mit technischer Dokumentation beschäftigt. Die anderen 299 sind Computer-Nerds, die noch nie in ihrem Leben Orangen ausgepresst, geschweige denn Eier gekocht haben. Eine eigenartige Spezies, die bei der Konfiguration von Antisys-Treibern, Confis.exen oder Vesa-Modi in sexuelle Erregung gerät. Fanatische Bastlertypen, die schon in ihrer Jugend die Herz-Lungen-Maschine von Opa über ihren PC haben laufen lassen.

Mein Kumpel Jörg ist so einer. Wenn mir Jörg die Funktionen meines Handys erklärt, sagt er kryptische Sätze, von denen ich gerade mal die Worte «die», «von» und «wenn» verstehe. Jörg besitzt acht Dioptrien, ist 36 Jahre alt und hat etwa den gleichen Body-Mass-Index. Er arbeitet als Softwareentwickler in einer großen Computerfirma und wohnt noch im Haus seiner Eltern.

Als ich ihn einmal in seiner Firma besuchte, fiel mir die große Milchglasscheibe vor seinem Schreibtisch auf, die ihm die Sicht auf den romantischen Park versperrte. Er erklärte mir mit leichtem Wahnsinn in den Augen: «Weißt du, das viele Grün lenkt mich von meiner Arbeit ab. Für den Fall, dass wirklich mal was Spannendes im Park passiert, habe ich natürlich vorgesorgt ...» Und dann deutete er auf die kleine Kamera, die er an seinem Schreibtisch installiert hat. Diese Webcam übertrug die Bilder des Parks via Internet auf den Bildschirm. Aber nicht zu Jörg, nein, zu einem befreundeten Arbeitskollegen, der Jörg immer dann, wenn draußen eine attraktive Joggerin vorbeilief, eine E-Mail mit dem Inhalt «Guck schnell raus! (LECHZ)» schrieb.

Das alles wäre nur halb so schlimm, wenn es nicht Menschen wie Jörg wären, die unser Leben in allen Bereichen verändert hätten. Seit Jahren werden wir zum Beispiel von diesen welt-fremden Spaßvögeln mit PIN-Codes überschüttet. Dabei weiß man seit ewigen Zeiten, dass sich der Mensch nichts schlech-ter merken kann als willkürliche Zahlenkombinationen. Aber WEHE, du schreibst sie dir auf. Das gilt heute als genauso verwerflich, wie als Mittvierziger Fotos von seiner Mutter im Portemonnaie bei sich zu tragen.

Deswegen hat mir Jörg bei meinem Handy auch den Geburts-tag von meiner Freundin als PIN eingestellt. So vergesse ich ihren Geburtstag nie wieder, und wenn's mal kriselt, trennt man sich nicht so schnell.

Noch vor dreihundert Jahren wusste man praktisch nichts über das Universum, aber alles über die Geräte um einen her-um. Heute ist es genau umgekehrt. Da steckt in jedem Reisewe-cker mehr Elektronik als damals in der Apollo 11.

Wussten Sie, dass die bemannten Raumfähren der NASA bis zum heutigen Tag mit zwanzig Jahre alten Computern ausge-stattet sind? Kein Scherz. Weil diese alten Rechner so einfach aufgebaut sind, dass sie praktisch fehlerfrei laufen. Die können eigentlich nur abstürzen, wenn sie zu nah an der Tischkante stehen. Ich finde das grotesk. Jeder hat mittlerweile einen Pen-tium 4 in der Bude, aber Cape Canaveral fährt jeden Morgen den C64 hoch. Als ich Jörg mit dieser Tatsache konfrontierte, meinte er nur: «Hätte der Herrgott etwas mehr nachgedacht und uns acht Finger pro Hand gegeben, würden viele Compu-ter-Probleme gar nicht erst entstehen.»

Mich persönlich haben elektronische Geräte schon immer ein wenig überfordert. Als mir vor einigen Wochen das Drucker-papier ausging, rief ich Jörg an und bat ihn: «Fax mir doch bitte mal 50 Blatt durch ...»

Neulich meldete sich eine Dame von E-Plus bei mir und sagte:

«Hallo, Herr Ebert, wenn Sie Ihren Handy-Vertrag bei uns verlängern, dann bieten wir Ihnen kostenlos ein neues Gerät. Was soll's denn so können?» Ich dachte kurz nach und antwortete: «Och, telefonieren wäre nicht schlecht.» Ich brauche kein Handy mit Kamera, integriertem Pürierstab und Duschhaube.

Die vielleicht wichtigste Erfindung nach dem Klingelton ist das iPhone. Am 9. November 2007 war dessen Deutschlandpremiere, für Technikfreaks wie Jörg durchaus mit dem Mauerfall vergleichbar. Und so wurde das dann auch gefeiert. Begeisterte EDV-Fachleute standen sich um Mitternacht vor den T-Punkten der Nation die Beine in den Bauch, um endlich den «Harry Potter der Kommunikationstechnologie» in den Händen zu halten. Was das Ding aber auch alles draufhat! Damit können Sie während des Telefonierens Ihre Urlaubsfotos bei chilliger Musik per E-Mail verschicken, während Sie über Visual Voicemail eine Benachrichtigung bekommen, dass die Mittelstreckenwaffe, die Sie via Bluetooth abgefeuert haben, ihr Ziel erreicht hat. Und das alles ohne Knöppe. Nur mit Touchscreen. Wahnsinn.

Ich kann mich ja noch an Zeiten erinnern, da gab es Geräte, mit denen konnte man wirklich NUR telefonieren. Kein Witz. Das gab's. Die Dinger waren ziemlich klobig und hatten eine Schnur. Und diese Schnur war fest IN DER WAND installiert. Verrückt, oder? Aber es wird noch abgedrehter: Wenn man eine Verbindung aufbauen wollte, musste man seinen Finger in eine löchrige Scheibe stecken und sie ein paarmal im Uhrzeigersinn drehen. Total crazy.

Die älteren Leser können sich vielleicht auch noch vage an die Zeit erinnern, in der es keine CDs, sondern nur Schallplatten gab. Eine hochempfindliche Geschichte. Deswegen durfte ich bis zu meinem 18. Lebensjahr überhaupt nicht an den Plat-

tenspieler meiner Eltern ran: weil ich mit der Nadel die Platte hätte zerkratzen können. Ich kriege heute noch schweißnasse Hände, wenn ich in einem Schmuckgeschäft an einem Saphir vorbeigehe.

Zu der Zeit hat man sich die Musik ja auch nicht einfach so «runtergeladen», sondern eine Kassette aufgenommen. Und das war richtig harte Arbeit, sonntagmittags mit dem Kassettenrekorder vor dem Radio. Und weil es anfangs auch noch keine Überspielkabel gab, haben wir mit einem kleinen Mikro vor dem Lautsprecher gesessen und PER HAND die «größten Hits» aufgenommen. Immer mit einem Finger auf der Pausetaste. Da ging's um hundertstel Sekunden. Wenn der Moderator in die letzten Takte gequatscht hat oder Mutti aus der Küche reingeplatzt ist, war alles umsonst!

Aber auch, wenn die Kassette dann fertig aufgenommen war, musste man extrem pfleglich damit umgehen. Alle paar Tage gab's Bandsalat. Und wehe, man hat die Kassette an einem heißen Sommertag im Auto liegen lassen. Dann klangen plötzlich alle Songs wie Bob Dylan auf Valium.

Doch dann kam das digitale Zeitalter und mit ihm Bill Gates, dem Erfinder des schweren Ausnahmefehlers. Und damit fing das Drama für alle Nicht-Techniker an. «Schwerer Ausnahmefehler an Adresse 0028:C29B42F3. Beenden oder Abbruch?» Solche Meldungen machen mir jedes Mal aufs Neue richtig Angst. Ich habe mich auch noch nie getraut, bei meinem Computer die Taste «Ende alles» zu drücken. Wer weiß, was dann passiert? Gut, bei einem Betriebssystem von Microsoft wahrscheinlich gar nichts; bei der Taste «Clear home» wird meine Wohnung schließlich auch nicht sauber. Andererseits wird man ständig aufgefordert: «Press any Key», dabei gibt es überhaupt keine Taste auf der «any» steht.

Jeder, der ein Microsoft-Betriebssystem auf seinem Rechner installiert hat, weiß: Die Betriebswahrscheinlichkeit von Windows nimmt mit der Dringlichkeit seines Gebrauchs in der dritten Potenz ab. Wie Bill Gates das genau macht, ist ein großes Mysterium.

Diese Tatsache alleine wäre allerdings noch erträglich, würde es wenigstens einen kompetenten Service dazu geben. Für jeden Mist gibt es in Deutschland einen Kundendienst, aber wenn irgendetwas mit dem Computer ist, kommt man an Kumpels wie Jörg nicht vorbei.

Oder man muss sich mit der Microsoft-Hotline herumärgern. Eine heimtückische Einrichtung, die vom Satan persönlich erfunden wurde. Erst letzte Woche habe ich dort angerufen und ganz freundlich gefragt: «Entschuldigung, ich habe gerade *Windows Vista* installiert, und seitdem kann ich *Word* nicht mehr öffnen. Was soll ich jetzt machen?» Die freundliche Dame am anderen Ende der Leitung holte kurz Luft und sagte dann: «Wieso lesen Sie nicht einfach mal ein gutes Buch?»

Glücklicherweise kam drei Tage später Jörg bei mir vorbei. Keine fünf Minuten, und der Rechner lief. «Das hättest du auch selbst machen können», meinte Jörg ein wenig genervt. «Einfach nur im Bios-Setup die PCI-Slots disablen, und schon ist der Antisys-Treiber konfiguriert …»

Mein Vater ist übrigens der festen Überzeugung, dass die ganzen technologischen Schwierigkeiten einzig und alleine an dem digitalen Prinzip lägen: «Informationsübertragung nur durch Nullen und Einsen – das kann doch nicht funktionieren. Um wie viel effektiver wären die Geräte, wenn man die restlichen Ziffern auch noch mit dazunehmen würde!» Aber auf so etwas Einfaches kommen die Jörgs dieser Welt schlichtweg nicht …

⬊ WOANDERS IST ES AUCH NICHT ANDERS

Mein Onkel Heinz reist gerne. Zusammen mit seiner Inge hat er schon die entlegensten Winkel dieser Welt besucht. Pauschal versteht sich. Und auch nur, wenn es vor Ort eine gepflegte Clubanlage gibt. Dagegen ist prinzipiell nichts zu sagen, würden Heinz und Inge nicht bei jedem Familientreffen die gesamte Verwandtschaft mit ihren detaillierten Reiseberichten nerven. Denn die beiden haben IMMER etwas zu mäkeln. «Letztes Jahr in der DomRep», beschwerte sich Heinz mit rotem Kopf, «hatten die noch nicht mal Wiener Schnitzel. Das muss man sich vorstellen! Ich fahre doch nicht um die halbe Welt, um mich drei Wochen lang von Currypfannen und Maistörtchen zu ernähren!» – «Aber wenigstens waren die Angestellten sehr nett», beschwichtigte Inge, «sogar die Einheimischen.» – «Aber schlecht ausgebildet», warf Heinz mit großer Geste ein. «Als ich an der Bar einen *Wodka on the rocks ohne Eis* bestellt habe, hat mich der Kellner nur mit hilflosen Augen angeguckt …»

Schon Konfuzius wusste: Schick einen Banausen auf eine Weltreise, und er kommt zurück als – braungebrannter Banause. Oder anders gesagt: Ein LSD-Trip in den eigenen vier Wänden kann mitunter die spannendste Tropenexpedition in den Schatten stellen. Denn eigentlich ist ja nicht die Orts-, sondern die Bewusstseinsveränderung das Wesentliche am Wegfahren.

Ich für meinen Teil fahre nicht gerne in Urlaub. Nicht etwa, weil mir Heinz und Inge mit ihren Horrorgeschichten seit meiner Kindheit die Lust aufs Reisen vermiest haben. Aus unerfindlichen Gründen habe ich kein Fernweh. Es gibt mir einfach nichts, um die halbe Welt zu fliegen, mich vor irgendeinen Wasserfall zu stellen und zu sagen: «Booahh, das isser also!»

DENKEN SIE SELBST …

Es ist mir klar, dass ich mit dieser Einstellung in Deutschland ziemlich alleine dastehe. In der Ferienzeit ist ein Deutscher ohne Koffer in etwa genauso suspekt wie ein Libanese mit Koffer. Pro Jahr geben die Deutschen über 50 Milliarden Euro für Urlaubsreisen ins Ausland aus. Außer mir natürlich, denn ich halte es da mit Albert Einstein: Er wies in der Allgemeinen Relativitätstheorie nach, dass die fundamentalen Wahrheiten der Natur von jedem Standpunkt aus vollkommen identisch sind. Das bedeutet, dass in einer zehn Milliarden Lichtjahre entfernten Galaxie die absolut gleichen physikalischen Gesetze gelten wie im Taunus. Und genau deswegen fahre ich auch so ungern weg. Weil Einstein gezeigt hat: Woanders ist es auch nicht anders.

Okay – ich gebe zu, manches schon. Die Freundlichkeit der Leute beispielsweise. Wenn Sie in Bangkok jemanden nach dem Weg fragen und der kennt ihn nicht, dann lächelt er Sie an und schickt Sie irgendwo in die Pampa. Finde ich persönlich eine sehr schöne Idee.

Überhaupt ist die Kontaktfreudigkeit in anderen Kulturen wesentlich ausgeprägter. Als Heinz und Inge vor zwei Jahren Südafrika besuchten, haben sie in einem Anflug von Übermut auf eigene Faust die Townships in Johannesburg besucht. Mit deutschem Fußballtrikot, Spiegelreflex und Rolex am Handgelenk. Ob Sie's glauben oder nicht – keine zwei Minuten, und sie kamen intensiv mit Land und Leuten in Kontakt. Und wie.

Wieso will jeder zu den exotischsten Orten, um sich beim Essen von einheimischen Gitarreros mit 120 Dezibel «Bamboleo» ins Ohr klimpern zu lassen? Vielleicht aus historischen Gründen. Der Deutsche ist ja schon immer gerne gereist. Nur hieß das früher nicht «in den Urlaub fahren», sondern «einmarschieren». Kein Schreibkram an der Grenze, keine quengelnden

Kinder, und das Geld für den Mietwagen konnte man sich auch sparen.

Oder es liegt daran, dass Reisen schlicht und einfach so billig geworden ist? Als ich noch ein Kind war, da war «in den Urlaub fahren» noch ein echtes Highlight; Weihnachten und Ostern zusammen. Und das, obwohl es damals nicht auf die Malediven ging, sondern hieß: «Auf nach Rimini!» Mein Vater hat den VW Käfer vollgeladen, und wir haben uns zweieinhalb Tage am Brenner in den Stau gestellt. Was war daran schlecht?

Heute dagegen hat jeder die Wahl: Esse ich das Känguru-Filet hier, oder fliege ich für das Geld doch lieber gleich nach Australien? Ich bin mir sicher, wenn die Lufthansa für 9,90 Euro Flüge zu ukrainischen Kläranlagen verkaufen würde, die Kiste wäre ausgebucht. Ryanair geht sogar noch einen Schritt weiter und will demnächst an Bord Glücksspiele anbieten. Böse Zungen behaupten: «Die satteln doch einfach nur auf die alten Tupolevs um.» Russisches Roulette!

Ein wenig grotesk ist das schon. Im eigenen Land macht sich der Deutsche Sorgen über mangelnde Hygiene, Zeckenbisse und Jugendkriminalität. Im Urlaub fährt er auf eine dreiwöchige Trekkingtour zu den Kannibalen im brasilianischen Urwald. Alleine dadurch, dass immer mehr Menschen ihre Ferien in Risikogebieten verbringen, hat sich die Zahl der Urlaubsopfer in den letzten dreißig Jahren versechsfacht. Eine gute Bekannte von mir hat sich neulich bei ihrer Südostasienreise einen ganz hartnäckigen Parasiten eingefangen. Der studiert jetzt Kunstgeschichte in Marburg.

Heinz und Inge dagegen sind sich einig: «Wir reisen, um unseren Horizont zu erweitern.» Deswegen schlurfen sie zweimal im Jahr mit Adiletten und ADAC-Schutzbrief über chinesische Mauern, Mayagräber und ägyptische Pyramiden.

Karl May, Jules Verne oder Immanuel Kant sind nie groß rumgekommen, haben uns aber trotzdem geistige Horizonte eröffnet. Im Gegensatz zu Heinz und Inge. Die waren schon überall, leben allerdings nach wie vor auf einem mentalen Bierdeckel. Erst kürzlich kamen sie von einer vierwöchigen Südamerikatour zurück und erklärten mir strahlend: «Du kannst dir das nicht vorstellen, aber die Farben da unten, die sind viel bunter als wie bei uns …»

Gut, ich habe sicherlich keine Spektralanalyse tropischer Lichtverhältnisse erwartet, aber wenn schon so ein Gesülze, dann doch wenigstens grammatikalisch ansprechend verpackt.

Deswegen verbringe ich seit Jahren die Ferienzeit im eigenen Land. Das ist sicherer, billiger und mindestens genauso spannend wie eine Fernreise. Man muss nur etwas sorgfältiger hinschauen. Auch wenn es etwas spießig klingt: Deutschland ist ein tolles Urlaubsland! Die Weinberge im Rheingau, die Seen in Mecklenburg-Vorpommern, die Strände von Mallorca. Traumhafte Gegenden, in denen es eine Menge zu erforschen gibt. Sogar, was die Exotik angeht. In Frankfurt ist Sushi genauso frisch wie in Tokio. In Ulm tragen mehr Türkinnen Kopftuch als in Izmir. Berlin hat mehr Brücken als die meisten Menschen im Mund. Und wenn ich unbedingt fremde Sprachen, ursprüngliche Riten und primitive Gebräuche erleben möchte, fahre ich für ein paar Tage in die Schwäbische Alb.

Warum will eigentlich keiner zu Hause bleiben? Das ist eine Frage, die das Menschengeschlecht umtreibt, seit es abermillionenfach zu seinem Vergnügen reist. Der Frust über die Heimat kann es kaum sein. Denn wer es zu Hause am schönsten hat, reist nachweislich am meisten und am weitesten. Vielleicht fahren wir ja nur weg, um wieder zurückzukommen?

↘ UND TÄGLICH GRÜSST DAS MURMELTIER

Die geniale Erfindung «Fernsehen» fing so vielversprechend an. 1928 wurde das erste Fernsehgerät auf der Deutschen Funkausstellung präsentiert. Dort versuchte man, das Patent sogar zu verkaufen. Was sich aber in Anbetracht der Tatsache, dass es noch keinen einzigen Fernsehsender gab, als ziemlich aussichtslos erwies. In den darauffolgenden Jahren wurden dann tonlose Schwarzweißsendungen übertragen, erste Fernsehempfänger produziert, und an drei Abenden in der Woche war von 20 bis 22 Uhr ein kleines Fernsehprogramm zu sehen. Kaum zu glauben, aber TV-Konsum rund um die Uhr gibt es noch gar nicht so lange. Bis in die neunziger Jahre hinein existierte in Deutschland sogar ein Sendeschluss. Auf Helgoland wurde die Nationalhymne gespielt, und danach: nur noch Schneegestöber. Heute kennt man noch nicht mal mehr das Wort «Sendeschluss».

Mittlerweile findet Fernsehen immer und überall statt. Es gibt sogar Fernsehgeräte im Mickey-Mouse-Design mit Ohren, damit auch die Allerkleinsten keine Folgen von den Teletubbies oder CSI Miami verpassen. Und jede Nacht werden auf diversen Kanälen Gewinnspiele moderiert: «Wie viele Effs enthält das Alphabet? Noch dreißig Sekunden! Ruf an! RUF DOCH ENDLICH AN!!!!»

In Deutschland schaut jeder im Durchschnitt 208 Minuten Fernsehen am Tag. 208 Minuten! Das sind 1265 Stunden im Jahr bzw. ganze 53 Tage bzw. fast zwei Monate Fernsehen! Bei vielen sogar am Stück. Man hört sogar, dass alleinstehende Menschen nach ihrem Tod monatelang unbemerkt in ihrer Wohnung liegen, weil der Fernseher weiterläuft. Anders sind die Einschaltquoten beim ZDF auch nicht zu erklären.

Es gibt ja auch viel zu sehen. Jedes noch so absurde Thema bekommt seine eigene Sendung. Zahllose Experten inklusive. Egal, ob Araber in Hochhäuser fliegen oder Bayern München die Champions League verpasst; ob man mit der Hamas verhandeln sollte, wie man ein Dressing für Rucolasalat macht, oder woran man erkennt, dass der Goldhamster Prostataprobleme hat – rund um die Uhr entleeren Dutzende von Fachleuten ihre Worthülsen.

Als ich letztes Jahr eine Folge des Dschungelcamps auf RTL sah, ertappte ich mich doch tatsächlich bei dem Gedanken: «Och, sooo schlimm wäre die Zerstörung des Regenwaldes eigentlich gar nicht …»

Und diese Informationsgewitter erreichen uns jeden Tag. Vor der Erfindung des Fernsehens machte man in seinem Leben vielleicht mit zweihundert Leuten Bekanntschaft. Zum Teil werden wir heute schon an einem einzigen Fernsehabend mit so vielen Menschen konfrontiert. Von Filmen wie *Gladiator* gar nicht zu sprechen.

Das Medium Fernsehen überfordert uns permanent. Nicht inhaltlich, sondern technisch. Jedes einzelne Fernsehbild wird von einem Elektronenstrahl gezeichnet, der Punkt für Punkt den Bildschirm zum Leuchten bringt. Und das geschieht mit über 13 Millionen Bildpunkten pro Sekunde. Für alle, die es mit Zahlen nicht so haben: Das ist viel. Sogar verdammt viel. Hinzu kommt, dass dieser Elektronenstrahl unvollständige Einzelbilder zeigt, die nur eine fünfzigstel Sekunde zu sehen sind. Das ist kurz. Sogar verdammt kurz. Die schnell wechselnden Lichtpunkte ergeben also gar kein echtes Bild, unser Gehirn bastelt es sich lediglich aus ihnen zurecht. Und das stellt das Auge vor ein echtes Problem: Es versucht, beim Betrachten bestimmte Punkte zu fixieren, hat aber keine Chance. Der Elektronen-

DENKEN FÜR DEN EIGENBEDARF

1 DEZI-BELL

strahl ist schneller, und so stellt unser Auge einfach jegliche Bewegung ein. Bei fortgeschrittenen Fernsehzuschauern sogar der ganze Körper. Das ist in der Physik auch als Trägheitsgesetz bekannt. Wenn auf einen starren Körper keine äußere Kraft einwirkt, verbleibt er in Ruhe.

2006 fanden englische Wissenschaftler heraus, was wir alle schon immer befürchtet haben: Mit jeder Stunde, die man vor dem Fernseher verbringt, wächst das Risiko, im Alter an Alzheimer zu erkranken. Aus Sicht der TV-Macher freilich ein höchst attraktiver Gedanke. Zukünftig könnte man immense Produktionskosten sparen, indem man einfach jeden Tag dasselbe Programm ausstrahlt. Ein Modell, das zugegebenermaßen von den meisten Sendern bereits heute realisiert wird. Woche für Woche baut Peter Zwegat Schulden ab, die Super Nanny setzt quengelnde Kinder auf die stille Treppe, und Tine Wittler dekoriert auf Teufel komm raus hässliche Wohnungen um.

Schaut man sich ein paar Tage hintereinander das Nachmittagsprogramm von RTL oder SAT1 an, fühlt man sich ein wenig wie in der Filmkomödie *Und täglich grüßt das Murmeltier*, in der Bill Murray in einer Zeitschleife festsitzt und albtraumhaft wieder und wieder denselben Tag erlebt.

Alleine das nervtötende Format «Kochshow» reicht aus, um einen halbwegs intelligenten Mitteleuropäer binnen weniger Wochen in die Altersdemenz zu treiben. Flächendeckend wird auf allen TV-Kanälen gebrutzelt, bis die Crème brûlée glüht. Jeder, der zurzeit einigermaßen koordiniert einen Brühwürfel ins Wasser werfen kann, wird abgefeiert wie ein Popstar.

Offenbar entsteht da ein vollkommen neues, krisensicheres Berufsfeld. Fernsehkoch! Noch vor fünf Jahren wollten zwei Drittel der Hochschulabsolventen «irgendwas mit Medien» machen, heute «irgendwas mit Bärlauch».

Mich überfordert das alles. Irgendwie vermisse ich die guten alten Siebziger, als Max Inzinger in der *ZDF drehscheibe* mit dem Satz: «Ich habe da schon mal was vorbereitet!», so schnörkellose Gerichte wie Toast Hawaii oder Russische Eier präsentiert hat. Heute nennt man so was Cross-over-Cuisine oder auf Deutsch: Fusion-Food. Aber natürlich nur mit Produkten aus biologisch-dynamischem Anbau, bei dem das Gemüse streng nach Mondphasen geerntet und die Kälber ganz sanft unter Wasser geschlachtet werden.

Die Lebensmittel dazu besorgt sich der Kochshow-Fan natürlich direkt vom Erzeuger. Das ist viel authentischer, außerdem will man ja auch was für die Umwelt tun. Einmal die Woche mit dem Porsche Cayenne 150 Kilometer in den Spessart, um beim Biobauern total authentisch zehn Land-Eier einzukaufen. Oder mal 'nen Bund Bärlauch. Fürs Süppchen …

Ich gebe zu, vor zwanzig Jahren waren Sendungen wie *Dalli Dalli* oder *Am laufenden Band* auch nicht gerade die Speerspitze der Intellektualität. Aber damals haben sich die Fernsehmacher noch Mühe gegeben. Heute werden lieblos und gelangweilt Formate mit dem Unterhaltungswert eines Testbildes produziert. Und das Schlimme ist: Es funktioniert. Sogar bei mir. Erst neulich habe ich mich dabei ertappt, wie ich mitten in der Nacht auf Eurosport Dressurreitwettbewerbe angeguckt habe. Einfach nur, weil dieser Moderator so eine angenehme Stimme hatte: «Hertha von Dönitz-Günnwaldhausen auf Diabolo heute etwas hart auf der Hinterhand, aber jetzt: sehr, sehr schön diese fliegenden Galoppwechsel und dieser sensible Übergang in die Traversale. Ja, jetzt spielt Diabolo, der zwölfjährige westfälische Wallach aus dem Gestüt von Schlendrian zu Lauenberg-Wittgenstein, seine gesamte Routine aus und flirtet mit dem Publikum …»

DENKEN SIE SELBST …

Wahrscheinlich habe ich genau in dem Moment mein Alzheimer-Risiko um 50 Prozent erhöht. Nach einer halben Stunde war ich fest davon überzeugt, dass Dressurpferde rein von ihrem IQ ebenso gut als Gehirnchirurgen oder Atomphysiker arbeiten könnten. Reiter tragen tun die bestimmt nur als Hobby. Einfach, um den Kopf ein wenig freizubekommen.

Selbst seriöse Talk-Formate mutieren mehr und mehr zu Freakshows, in denen sich Gestalten tummeln, die vor zehn Jahren noch nicht mal am Pförtner vorbeigekommen wären. Illustre Typen, die angeblich Wale in Würfelzucker verwandeln können, von Außerirdischen entführt wurden oder die einfach nur sagen wollen, dass «Autobahnen gar nicht gehen».

Ein Phänomen, das der Sänger Tom Waits schon vor drei Jahrzehnten erkannte: «Das größte Problem in der Geschichte der Menschheit ist, dass die Leute, die die Wahrheit kennen, den Mund nicht aufmachen und diejenigen, die von nichts eine Ahnung haben, bekommt man einfach nicht zum Schweigen.»

«Problematisch am Fernsehen ist nicht, dass es uns unterhaltsame Themen präsentiert, problematisch ist, dass es JEDES Thema als Unterhaltung präsentiert», sagte der Medienkritiker Neil Postman. Und wenn uns das, was wir sehen, nicht gefällt, schalten wir einfach um. Dadurch entsteht das Gefühl, dass wir alle unangenehmen Dinge auf der Welt mit der Fernbedienung wegzappen können. Wenn Ihnen die hungernden Kinder in Afrika nicht gefallen – schalten Sie einfach um! Irgendwo läuft bestimmt eine Kochshow …

⬃ STAU IST NUR HINTEN BLÖD

Die häufigste Schlafstörung bei LKW-Fahrern ist die Leitplanke. Kein Wunder, denn 80 Prozent aller Trucker geben an, dass ein gesunder Sekundenschlaf viel entspannender ist, als acht Stunden lang durchzufahren.

Diese ernüchternden Fakten schießen mir jedes Mal durch den Kopf, wenn auf deutschen Autobahnen wieder mal ein unachtsamer Gimpel den kompletten Verkehr lahmlegt. Und das passiert leider ziemlich häufig. Neulich auf der Fahrt von Frankfurt nach Nürnberg war es wieder mal so weit: «Vollsperrung auf der A3 zwischen Rasthof Spessart und Würzburg Kist wegen eines umgekippten LKWs. Haben Sie Geduld, die Bergungsarbeiten laufen.»

Jedes Mal, wenn ich in Richtung Süden unterwegs bin, kippen auf der A3 reihenweise Vierzigtonner um oder geraten auf die Gegenfahrbahn, um dort flächendeckend ihre Ladung zu verlieren. Meistens so Dinge wie Schmierseife, Kanthölzer oder bromsaures Radiumcarbonat. Und immer, aber wirklich immer, zwischen dem Rasthof Spessart und der Ausfahrt Würzburg Kist.

Bei so was glaube selbst ich: Dahinter muss ein höherer, kosmischer Grund stecken! Wenn ein LKW-Fahrer, der irgendwo in Deutschland unterwegs ist, merkt, dass etwas mit seinem Laster nicht stimmt, dann fährt er, wie von fremden Mächten geleitet, schnurstracks auf die A3, um ihn schließlich genau am Rasthof Spessart in den Graben zu fahren. Warum gerade an dieser Stelle, weiß keiner. Ich vermute, es handelt sich hier um das gleiche Phänomen wie beim mythenumrankten Elefantenfriedhof. Ein LKW muss wohl, genau wie ein Elefant auch, intuitiv spüren, wenn seine Zeit gekommen ist und sein TÜV unwiderruflich abzulaufen droht. Und dann möchte er sich zum Sterben an einen ganz bestimmten, geheimnisvollen Ort zurückziehen. Ein Ort, an dem der Fahrtenschreiber für alle Ewigkeit in Frieden ruhen kann. Und dieser Ort heißt Rasthof Spessart. Die verkehrstechnische Sollbruchstelle Deutschlands.

Statistisch gesehen steht übrigens jeder Bundesbürger im Jahr 57 Stunden lang im Stau. Jeder. Selbst Leute, die überhaupt kein Auto fahren. Dieses Dilemma hat Mercedes schon vor einigen Jahren sehr klar erkannt und bewarb deswegen die S-Klasse mit dem schönen Satz: «Sie bewegt, auch wenn sie steht».

Das ist wahrscheinlich der Grund, weshalb die Automobilhersteller ihre ganzen Kisten mit nutzlosem technischem Brimborium vollstopfen. Das geschieht nicht aus Sicherheitsgründen, sondern damit man sich im Stau die Zeit vertreiben kann. Da werden Bordcomputer eingebaut, Handschuhfächer tiefergelegt und Innenspiegel außenverstellbar gemacht.

Sicherheitsexperten wollen demnächst sogar einen Speziallack entwickeln, der bei gefährlichen Situationen in eine Signalfarbe umschlägt. Eine sensationelle Idee. Unter anderem auch für osteuropäische Autohändler, die sich so das aufwendige Um-lackieren sparen könnten.

Geben Sie in einem Auto mit Navigationssystem einfach mal einen Ort ein und fahren damit zwanzig Minuten lang in einem Kreisverkehr. Da kommt die nette Dame in dem kleinen Kasten aber ganz schön ins Stottern! Ich gebe zu, die Vorläufer von Navigationssystemen waren auch nicht viel besser: patentgefaltete Stadtpläne. Als ich mir vor einiger Zeit einen dieser Pläne von Hamburg gekauft habe, hat Hamburg nach zwei Minuten ausgesehen wie kurz nach dem Krieg. Ganze Stadtteile waren nicht mehr wiederzuerkennen.

51 DENKEN FÜR DEN EIGENBEDARF

Technische Details im Auto müssten einfach viel menschlicher gestaltet sein, zum Beispiel sollte es Navigationssysteme geben, die sich ab und zu absichtlich verfahren. Sie geben «Dresden» ein, vier Stunden später stehen Sie vor der holländischen Grenze, und aus dem Navi tönt posthum Rudi Carrell: «Lass dich überraschen ...»

Dabei gäbe es durchaus Erfindungen, die Sinn machen würden. Wieso konstruiert man nicht mal einen Scheibenwischer, an den man keine Strafzettel klemmen kann?

Die häufigsten Pannenursachen bei Neuwagen sind Elektronikfehler. Ich musste neulich meinen Volvo in die Reparatur bringen, weil die Handbremse ein Softwareproblem hatte. Die Handbremse!!!!

Als ich den Wagen von der ersten Inspektion abgeholt habe, lächelte mich der Kfz-Mechaniker an und sagte: «Es war alles in Ordnung, Herr Ebert. Das macht 365 Euro.» Wie bitte?

Der Hauptgrund für den hohen Preis war nicht die unaufgeforderte Blattvergoldung der Karosserie, sondern der Ölwechsel. Fünf Liter super-synthetisches Leichtlauföl aus der Weltraumforschung haben nun mal ihren Preis. Dass selbst Michael Schumacher in seiner aktiven Zeit für den Ferrari ein günstigeres Produkt bevorzugte, ist für meine Volvo-Werkstatt natürlich kein wirkliches Argument.

Früher war das alles noch viel entspannter. In meinen alten VW Käfer konnte ich problemlos abgelaufenes Salatöl einfüllen, die Kiste lief trotzdem. Und wenn er mal liegengeblieben ist, dann waren das noch richtig ehrliche Pannen. Die Lichtmaschine etwa. LICHTMASCHINE – das magische Wort aller Autopannen in den Achtzigern! Keiner wusste so genau, was das für ein Ding ist, aber sobald irgendwo ein Auto liegenblieb, stieg man aus, guckte bedeutungsschwanger auf den

Motorblock und murmelte: «Ich bin mir nicht sicher, aber es ist wahrscheinlich die Lichtmaschine ...»

Das half zwar auch nicht viel weiter, aber es gab einem gleich ein irrsinnig gutes Gefühl. Und es hörte sich unglaublich kompetent an. Fachleute machen das ja im Zweifelsfall genauso. Wenn also das nächste Mal Ihr Kfz-Mechaniker etwas von «Verteilerstecker», «Zylinderkopfdichtung» oder «Elektronikfehler» faselt, dann wissen Sie: Der Typ tappt vermutlich im Dunkeln. Aber es ist ein beliebtes Mittel, um Professionalität vorzugaukeln. Ich glaube sogar, dass sich selbst Ärzte beim Betrachten eines unscharfen Röntgenbildes bei genau den gleichen Gedanken ertappen: «Ich weiß nicht ganz genau ..., vielleicht ist es ja die Lichtmaschine ...»

Trotz dieser ganzen Widrigkeiten fahre ich gerne Auto. Denn im Vergleich zum Bahnfahren hat man in seinem Wagen absolute Privatsphäre. Man kann laut telefonieren, wild vor sich hin fluchen oder spannende Hörbücher genießen – mittlerweile ja ein unglaublicher Trend. Wohingegen sich das Bücherlesen während des Autofahrens nie so richtig durchgesetzt hat.

Ich mag die vielen skurrilen Momente, die man auf Deutschlands Straßen erlebt. Als ich vor einigen Wochen wieder mal am Rasthof Spessart meine Zeit verbummelte, fiel mir ein Wagen auf, der vor dem Eingang zum Restaurant parkte, ein himmelblauer Fiat Cinquecento. Auf der Rückscheibe stand in runenartiger Schrift das Wort «Untot» und auf dem Nummernschild die Zahl 666.

Sieh an, dachte ich. Der Satan fährt einen hellblauen Cinquecento. Ein bisschen mehr hätte ich vom Antichristen, ehrlich gesagt, schon erwartet. Aber vielleicht ist das ja auch sein Beitrag zum Klimaschutz. Wer sonst kennt schließlich die Probleme einer hohen Globaltemperatur besser als der Höllenfürst? Außerdem hat er es wohl auch nicht nötig, mit einem dicken Schlitten zu protzen.

Im Gegensatz zu uns. Das Auto gilt schon immer als Phallus- und Statussymbol. Wir denken, der Pfau ist eitel, weil er sein Rad schlägt. Weil Männer kein Rad schlagen können, kaufen sie sich eben einen Allrad.

Eine weitere verblüffende Parallele zwischen Autofahrern und Tieren kann man beim Buntspecht entdecken. Der hämmert nämlich deswegen so bekloppt gegen Bäume, weil er damit die Weibchen anlocken will. Genau das Gleiche versuchen junge Männer, wenn sie in ihren tiefergelegten BMWs mit hämmerndem Bass durch die Innenstädte fahren.

Selbstverständlich haben Autos auch bei Frauen eine klare Signalfunktion. Ehefrauen von Managern beispielsweise bevorzugen ebenfalls große Geländewagen. Allerdings weniger aus Statusgründen, sondern aus praktischen Erwägungen: «Ich weiß, der Cayenne wirkt ein bisschen protzig, aber mit 'nem normalen Wagen komm ich nie und nimmer die Auffahrt von unserem Ferienhäuschen hoch ...» Erfolgreiche Singlefrauen fahren oft Mini, weil sie den weniger erfolgreichen Männern signalisieren wollen: Auf die Größe kommt's nicht an!

Die Psychologie unterscheidet übrigens drei grundsätzliche Typen von Autofahrern: den unbelehrbaren, den belehrenden und den Holländer.

Der *Unbelehrbare* zeichnet sich durch einen aggressiven, testosterongeschwängerten Fahrstil aus und agiert stets nach dem zweiten Newton'schen Bewegungsgesetz: «Wer später bremst, fährt länger schnell.» Sein Revier ist die linke Fahrspur, egal, ob auf der Autobahn oder der Bundesstraße. Seine wichtigsten Hilfsmittel sind Lichthupe, Bluthochdruck und der gestreckte Mittelfinger. Selbst unübersichtliche und widrige Straßenverhältnisse halten ihn nicht davon ab, möglichst schnell von A nach B zu gelangen. Bei Schneefall richtet sich der Unbelehrbare nach den drei goldenen Winterregeln: möglichst dicht auffahren. Kleinster Gang. Immer Vollgas. Bei Nebel erhöht er die Geschwindigkeit, aus Angst, ihm könnte jemand hinten drauffahren. Allgemeine Warnhinweise werden von ihm ignoriert oder großzügig uminterpretiert. So ist der Unbelehrbare beispielsweise fest davon überzeugt, dass sich die Aufforderung «Abstand: halber Tacho» auf die Breite seines Geschwindigkeitsmessers bezieht.

Laut einer Studie des verkehrsmedizinischen Instituts der Universität Heidelberg liegt der Männeranteil in dieser Gruppe bei – wer hätte das gedacht – über 80 Prozent (meine Freundin ist da ein Messfehler). Der Berliner Verkehrspsychologe Edmond Wirzba glaubt, dass in uns offenbar noch immer uralte Verhaltensmuster stecken: «Frauen haben sich um Kinder, Alte und Schwache gekümmert. Männer haben den Bären gejagt.» Und der war eben einen Zacken schneller unterwegs.

Auch der *Belehrende* fährt gerne auf der linken Fahrspur, allerdings mit deutlich vermindertem Tempo. Geschwindigkeitsbeschränkungen hält er akribisch ein, und zwar auf die dritte Kommastelle genau. Der Belehrende will nicht unbedingt von A nach B kommen. Sein vorrangiges Ziel ist es vielmehr, dem Unbelehrbaren den Tag zu versauen. Sieht er einen solchen im Rückspiegel auftauchen, bremst er in einer 100er Zone auch mal gerne auf 80 km/h runter und erfreut sich an dem cholerischen Anfall seines Hintermannes. Fast unnötig zu sagen, dass der Belehrende meist einen pädagogischen Hintergrund hat. Er ist beruflich entweder als Lehrer, Frührentner oder Blockwart tätig. Frauen finden sich in dieser Personengruppe kaum, außer natürlich auf dem Beifahrersitz. Wenn es irgendwie geht, ist der Belehrende grundsätzlich mit seiner Ehefrau unterwegs, die im Zweifelsfall seine Aussagen vor Gericht bestätigen kann.

Der *Holländer* ist nicht zwingend niederländischer Staatsbürger. Vielmehr bezieht sich der Begriff auf eine bestimmte Mentalität, Auto zu fahren. Der Holländer möchte zwar von A nach B kommen, jedoch ist ihm die dazu benötigte Zeit nicht allzu wichtig. Sein Fahrstil ist defensiv und bewegt sich auf einer Skala von «hochgradig entspannt» bis «zugekifft bis unter die Hutschnur». Bei längeren Fahrten (so ab zwanzig Kilometer) werden alle fünfzehn Minuten großzügige Pinkel- und Essenspausen eingelegt.

Alles in allem ist der Holländer ein eher friedlicher Verkehrsteilnehmer, der mit einem gefühlten Wohnwagen an der imaginären Anhängerkupplung unauffällig auf der rechten Fahrspur vor sich hin gurkt.

Dieser defensive Fahrstil ist auch der Grund, weshalb der Holländer die Gruppe mit dem höchsten Frauenanteil darstellt. Eine Statistik des Kraftfahrtbundesamtes zeigt eindeutig: Nur ein Fünftel der verzeichneten Verkehrsverstöße geht auf das Konto von Frauen. Wenn Frauen überhaupt mit dem Gesetz der Straße in Konflikt kommen, dann fast nie wegen zu schnellen Fahrens. Das weibliche Geschlecht hat vor allem ein Faible für das Missachten der Vorfahrt oder das erfolglose Abbiegen an ungeregelten Kreuzungen.

Für den Holländer ist jeder Spurwechsel ein Himmelfahrtskommando. Denn die Funktion des Rückspiegels ist dieser Personengruppe leider genauso unbekannt wie die des Blinkers. Somit ist das Überholmanöver der neuralgische Punkt des Holländers (neben dem Anfahren am Berg, denn den kennt der Holländer ja nicht). Hat er es dann ohne größere Katastrophen auf die Mittelspur geschafft, kommt es zum nächsten Knackpunkt – denn auch vom Wort «Beschleunigung» hat der Holländer noch nie etwas gehört.

Und so zuckelt er mit 81,5 km/h neben dem zu überholenden Tanklastzug her und fängt in der Regel nach dreißig bis vierzig Minuten mit dem Fahrer eine lebhafte Konversation an. Was hinter ihm passiert, existiert für ihn nicht. Stau ist schließlich immer nur hinten blöd, vorne geht's …

↘ ABER MAN KRIEGT DOCH SO VIEL ZURÜCK

Letztes Wochenende war ich mal wieder auf einer Party. Bei Michael und Karin im Frankfurter Nordend. Dort wohnen die, die individuell sind, aber nicht mehr Studenten. Kinder in Batiktüchern rumschleppen ist dort erlaubt, genauso aber eine teure Flasche Wein. Pünktlich um 20 Uhr kam ich an, und Michael begrüßte mich gleich mit den Worten: «Und? Bist du gut durchgekommen?» Da war er – DIE Nummer eins unter den Party-Einstiegssätzen. «Bist du gut durchgekommen?» Dabei war es Michael natürlich vollkommen egal, ob ich aus Sachsen-Anhalt kam oder – wie in meinem Fall – aus dem Nachbarstadtteil Sachsenhausen. «… gut durchgekommen?» – «Ach ja, am Brenner ein bisschen zähflüssig, aber ab Innsbruck nur Vollgas», erwiderte ich.

Es gibt übrigens im deutschen Sprachraum ein ganz bestimmtes Wort, das meines Wissens immer nur im Zusammenhang mit Partys benutzt wird: eintrudeln. Das sagt man tatsächlich

57 DENKEN FÜR DEN EIGENBEDARF

nur bei Partys: «Die Gäste truuudeln so ein …» Man würde nie sagen: «Die Deutschen sind 1939 in Polen eingetrudelt.»

Ich bin also bei Karin und Michael eingetrudelt (und übrigens auch sehr gut durchgekommen), stellte mich vor das Buffet, holte kurz Luft, rieb mir die Hände und sagte: «Leute, ihr seid ja verrückt!» DIE Nummer zwei! Das sage ich bei jeder Party. Egal, ob da einfach nur ein mickriger Nudelsalat steht oder das komplette Catering vom Frankfurter Opernball. «Wer soll denn das alles essen????»

Und tatsächlich. Sofort schoss Karin herbei und konterte mit DER Nummer drei: «Greif zu, es ist genug da! Sonst muss ich's morgen einfrieren …»

Ich habe mir also ein etwas vertrocknetes Scheiblettenkäse-Brötchen genommen und mich unter die Gäste gemischt. Sandra und Jochen waren da, die wegen der Kleinen jetzt in Hanau-Bruchköbel einen Bauplatz gekauft haben. Unter Frankfurtern nennt man diesen Stadtteil auch Brechkübel – mehr muss ich nicht sagen.

Natürlich wegen der Kleinen. Ich kenne nur Leute, die dort wegen der Kleinen wohnen. Wegen der Natur und weil nicht so viele Autos fahren. Und wenn die Kleinen zwanzig Jahre später aus dem Haus sind, bleiben die Eltern, weil es so schön ruhig ist.

Auch Peter und Anke waren da, die gerade ein Whiskey-Seminar machen. Das ist so was wie Weinprobe für Intellektuelle. Kurzum, eine illustre Runde von Menschen im heirats- und gebärfähigen Alter, die auf die ein oder andere Weise mit dem Leben abgeschlossen hat.

Es hätte also ein perfekter Abend werden können, wäre ich nicht Thomas in die Arme gelaufen. Thomas ist Sachbearbeiter einer großen Versicherungsgesellschaft und hatte offenbar den unstillbaren Drang, mir den Rest des Abends seine gesamte berufliche und private Lebensgeschichte aufs Auge zu drücken.

Das ist im Übrigen ein mir vollkommen unerklärliches Phänomen bei Partygästen. Es gibt praktisch auf jeder Party einen Menschen, der vor den anderen Gästen ungefragt sein gesamtes Seelenleben bloßlegt. Einer ist immer dabei. Ich glaube manchmal sogar, die kann man irgendwo mieten. Im Ernst. Irgendwo in Deutschland muss es eine dubiose Eventagentur geben, die Menschen vermittelt, die dann auf Partys den anderen Gästen ihre gesamte Lebensgeschichte erzählen. Und Karin und Jürgen haben diese Agentur ausfindig gemacht.

Ich fügte mich also meinem Schicksal, ließ Thomas gewähren und dachte an den großen Aristoteles. Der vertrat ja die Theorie, dass das menschliche Gehirn nicht für das Denken verantwortlich ist, sondern einfach nur um das Blut im Körper abzukühlen. Ich hielt das immer für ziemlich unrealistisch – bis ich Thomas kennenlernte.

Nach einem detaillierten neunzigminütigen Vortrag über Leibrentenversicherungen mit Beitragsrückgewähr ohne Kapitalwahlrecht stieß zu allem Unglück auch noch seine hochschwangere Frau Brigitte dazu. Schelmisch grinsend stupste sie mich in die Seite und sagte: «Und? Wie sieht's bei dir denn so mit Kindern aus?» Sofort verstummten alle anderen Gespräche. Sämtliche Augenpaare richteten sich auf mich. «Na ja …», erwiderte ich etwas unsicher. «Irgendwie kann ich nicht so richtig was mit Kindern anfangen …»

«Das war bei uns genauso», lachten Peter und Anke schrill auf. «Aber seit unsere Maria-Luisa da ist, sehen wir die Sache ganz anders.»

«Genau!», mischte sich nun auch Sandra ein. «Kinder geben einem sooo viel zurück!» Gibt es eine einzige junge Mutter mit Schwangerschaftsstreifen, Wickeltasche und tiefschwarzen Augenringen, die das Gegenteil behauptet?

Etwas trotzig verteidigte ich meine Ich-will-keine-Kinder-Rolle und erklärte bedeutungsschwanger: «Pass nur auf, du steckst jahrelang dein Herzblut und die ganze Kohle in die Gören, und wenn die lieben Kleinen groß sind, werden sie dir sagen, was du alles falsch gemacht hast. Vielleicht bekommt die Maria-Luisa später eine Angstpsychose, weil du jetzt auf der Party rumhängst und sie mit dem grässlichen Babysitter alleine lässt. Oder vielleicht wird sie beziehungsunfähig und alkoholabhängig. In der Phase kann man viel falsch machen», nahm ich an Fahrt auf. Die Stimmung war am Boden, ich lehnte mich zufrieden zurück.

«Weißt du übrigens, dass du evolutionsbiologisch mit deinem nicht vorhandenen Kinderwunsch eine glatte Fehlkonstruktion bist?», unterbrach plötzlich Jürgen die Stille. Ich schluckte etwas verlegen. Aber aus darwinistischer Sicht hatte Jürgen vollkommen recht. Denn auf der To-do-Liste aller genetischen Programme steht das Thema «Fortpflanzung» ganz oben. Und zwar quer durch alle Lebensformen. Vom Fadenwurm bis hin zu Boris Becker. «Aber manchmal sollte man auf seine Gene eben nicht allzu viel Rücksicht nehmen!», entgegnete ich mit heiterer Miene.

«Und was ist mit dem demographischen Wandel?», fragte Thomas mit sich überschlagender Stimme. «Ist es dir etwa egal, dass wir Deutschen wegen Leuten wie dir aussterben werden?» «Ehrlich gesagt – ja», erwiderte ich schulterzuckend. Denn selbst bei größtmöglicher Anstrengung und optimalen Bedingungen hätte ich kaum Chancen, die Bevölkerungspyramide in Deutschland umzudrehen. Das Phänomen der Überalterung liegt nämlich nicht daran, dass zu wenige Kinder geboren werden, sondern daran, dass die Lebenserwartung steigt. Selbst Ursula von der

Leyen könnte unserem Land nicht so viele Geburten bescheren, dass der Effekt der Überalterung ausgeglichen würde.

Doch alle Erklärungen und Argumente meinerseits halfen nichts. Die Fronten verhärteten sich von Minute zu Minute mehr. Dabei hätte ich es wissen müssen. Mit jungen oder werdenden Eltern über Kinder zu diskutieren, ist genauso zum Scheitern verurteilt wie der Versuch, Guido Westerwelle zum Sozialismus zu überreden. Deswegen zog ich es vor, die Party in Nordend zu verlassen. Zurück in meine kinderfreie Wohnung nach Frankfurt-Sachsenhausen. Ich bin übrigens sehr gut durchgekommen …

↘ DIE DÜMMSTEN BAUERN HABEN DIE DICKSTEN KARTOFFELN

Vor einigen Jahren sagte Günter Jauch über die Sendung *Wer wird Millionär?*: «Die ist so gut, da könnte man auch einen Besenstiel als Moderator hinsetzen.» Besenstiel hin oder her, über die Hälfte der Bevölkerung hält Günter Jauch für den klügsten Deutschen.

Zugegeben, ich weiß natürlich nicht, womit der umtriebige Fernsehmann sonst noch so seine Zeit verbringt, vielleicht arbeitet er ja insgeheim an der Weltformel. Oder er hat es geschafft, im Keller seiner Potsdamer Villa endlich Antimaterie zu isolieren. Für viele Fernsehzuschauer bedeutet überdurchschnittliche Klugheit in erster Linie die Fähigkeit, absurde Fragen flüssig von einem Teleprompter abzulesen.

DENKEN FÜR DEN EIGENBEDARF

Dementsprechend werden auch Kandidaten, die bei *Wer wird Millionär?* in einen sechsstelligen Eurobereich vordringen, vom Publikum als hochintelligent eingestuft. Wenn das Lösen von Multiple-choice-Fragen jedoch ein Zeichen von außergewöhnlicher Intelligenz wäre, dann stünde jeder Medizinstudent kurz vor dem Nobelpreis.

Beim Thema Intelligenz scheiden sich die Geister: Der kleine Frederic, der mit elf Jahren noch immer nicht zwei einstellige Zahlen zusammenzählen kann, aber dafür ganz toll seinen eigenen Namen tanzt, gilt in gewissen Kreisen als kreatives Jahrhundertgenie, in anderen als «ein kleines bisschen zurückgeblieben».

Auch die Wissenschaft tut sich mit dem Intelligenzbegriff schwer. Der Verhaltensforscher Josef Call beispielsweise definiert sie als «die Fähigkeit, frühere Erfahrungen auf eine neue Situation zu übertragen, und so auf neue, kreative Lösungen zu kommen.» Demnach gelten viele Tiere als ziemlich clever: Schimpansen benutzen Grashalme, um nach Termiten zu angeln; Hunde berechnen punktgenau, wie sie einen schräg ins Wasser geworfenen Ball am schnellsten erreichen; einige Rabenarten können sich sogar bis zu 30 000 Verstecke für ihr Futter merken. Ich dagegen habe schon Schwierigkeiten, mein Auto in einem Parkhaus wiederzufinden.

Ein übliches Verfahren, Intelligenz zu messen, ist der IQ-Test. Der misst in der Regel Fähigkeiten wie logisches Denken oder räumliches Vorstellungsvermögen. Aspekte wie Einfühlungsvermögen, Verantwortungsgefühl oder Respekt entziehen sich diesem Verfahren. Trotzdem gilt man mit einem IQ-Wert von über 130 als überdurchschnittlich intelligent und darf bei MENSA e. V., einem weltweiten Verein für hochbegabte Menschen, beitreten. Schon bei einem IQ von 129 haben Sie dort *keine* Chance. Ich habe das immer für ein etwas willkürliches Aufnahmekriterium gehalten, bis ich mich vor kurzem mit Klaus, einem langjährigen Mitglied, unterhielt. «Du wirst es nicht glauben», sagte er, «aber bei unserem letzten Clubtreffen schmuggelte sich doch tatsächlich ein 128er herein. Und wir alle haben fast körperlich die intellektuelle Talfahrt im Raum gespürt.»

Was genau im Gehirn von Intelligenten und weniger Intelligenten vorgeht, wird seit Jahrzehnten erforscht. Der Slogan «Wir nutzen nur 10 Prozent unseres Gehirns!» geistert seit mindestens genauso langer Zeit durch die Presse. Meist herausposaunt von Organisationen, die einem mit sündhaft teuren Kursprogrammen 100 Prozent des Geldes aus der Tasche ziehen wollen.

Dem 10-Prozent-Mythos liegt der Vergleich mit einem Automotor zugrunde: Die Leistungsfähigkeit ist dann am größten, wenn die Maschine möglichst hochtourig läuft. Klingt logisch, ist aber komplett falsch. Denn der Vergleich des Gehirns mit einem Motor geht am Kenntnisstand der modernen Gehirnforschung völlig vorbei, sagt der Psychologie-Professor Barry L. Beyerstein von der Simon Fraser University in Burnaby, Kanada.

Unser Hirn funktioniert nämlich genau umgekehrt. Es ist eindeutig auf *Energiesparen* getrimmt. Die Tatsache, dass beim Denken immer nur ein kleiner Bruchteil aller Nervenzellen tätig ist, erweist sich als Segen. Die gleichzeitige Aktivität aller Neuronen dagegen ist fatal, denn sie bedeutet einen epileptischen Anfall.

Tatsächlich bestehen große intellektuelle Leistungen gerade darin, dass unser Gehirn möglichst ökonomisch arbeitet. Die hellsten Köpfe, die bestimmte Denksportaufgaben am schnells-

SUDOKU BINÄR

leicht:

0	

schwer:

0	
	1

ten lösen, weisen den niedrigsten Energieumsatz im Oberstübchen auf. Die höchsten IQ-Leistungen erbringen die Schwachstromgehirne, während die weniger gescheiten Zentralorgane mit Starkstromtechnik arbeiten und jede Menge elektrische Energie uneffektiv verpulvern.

Viele Hirnforscher sind allerdings auch der Meinung, dass der IQ-Wert eines Menschen im Wesentlichen genetisch festgelegt ist und durch äußere Einflüsse praktisch nicht beeinflusst werden kann. Doch auch hier gibt es Gegenbeispiele: Mein Nachbar hat sich über 20 Jahre lang kontinuierlich seinen Verstand weggesoffen.

Aber die Wissenschaft kennt auch Fälle in umgekehrter Richtung. Es gibt einen Amerikaner, der wurde mit zehn Jahren von einem Baseball am Kopf getroffen und ist seitdem mit phänomenalen Geistesleistungen gesegnet: Er weiß zu jedem beliebigen Datum aus der Vergangenheit den Wochentag, das Wetter und was er an diesem Tag gemacht hat. Ist an dem altbekannten Spruch «Schläge auf den Hinterkopf erhöhen die Denkfähigkeit» also wirklich etwas dran?

Untersucht man die geistigen Fähigkeiten von Männern und Frauen, so treten ebenfalls verblüffende Erkenntnisse zutage. Männer haben es, was die Geistesleistungen angeht, im Vergleich zu Frauen eher schwer. Ob ein Mann Intelligenzbolzen oder Schwachkopf wird, ist oft reiner Zufall. Bei Frauen wird in diesem Punkt mehr auf Sicherheit gebaut. Ein Fünftel der Gene, die die Intelligenz bestimmen, liegen auf dem X-Chromosom. Einem Baustein, auf dem gleichzeitig auch Informationen über das Geschlecht gespeichert sind. Männer besitzen ein X-Chromosom, Frauen dagegen zwei. «Dann sind Frauen ja doppelt so intelligent», triumphierte meine Freundin. Liebe Frauen, nein, das seid ihr nicht. Auch auf den Verdacht, dass ich mich hier unbeliebt mache: Statistisch gesehen sind Frauen intelligentes Mittelmaß, bei Männern dagegen gibt es mehr Genies – leider aber auch mehr Bekloppte.

Wenn nämlich Frauen einen besonders doofen Intelligenz-Mix auf ihrem einen X-Chromosom haben, kann diese geistige Umnachtung durch das bessere zweite X-Chromosom ausgeglichen werden. Bei Männern dagegen schlägt der Stumpfsinn voll durch. Gleiches gilt natürlich auch für das Gegenteil. Deswegen gibt es unter Männern einerseits mehr Leute wie Mozart, Picasso oder Einstein, andererseits aber auch mehr Menschen vom Schlage eines Lothar Matthäus oder Dieter Bohlen (Paris Hilton gilt in dem Fall als biologischer Messfehler). Im Durchschnitt sind Männer und Frauen gleich schlau. Das statistische Mittel bringt einen im Einzelfall allerdings nicht viel weiter.

Auch die Hormone machen dem männlichen Gehirn zu schaffen. Vor einiger Zeit erkannten Forscher einen bemerkenswerten Zusammenhang zwischen Hoden- und Gehirngröße. Allerdings nicht bei Männern, sondern bei Fledermäusen. Männchen, die untenrum besonders gut bestückt waren, hatten deutlich weniger in der Birne als ihre sexuell schlechter ausgestatteten Kollegen. Offenbar benötigt die Samenproduktion so viel Energie, dass im Oberstübchen gespart werden muss. Keine neue Erkenntnis: «Die dümmsten Bauern haben die dicksten Kartoffeln.»

Glücklicherweise sagt die reine Gehirngröße noch nicht unbedingt etwas über kluges oder dummes Verhalten aus. Entscheidend für die Leistungsfähigkeit eines Gehirns ist nicht die Anzahl der Zellen, sondern vielmehr der Grad ihrer Vernetzung. Elefanten oder Blauwale haben viel größere Gehirne als wir, aber beim Ausfüllen einer Steuererklärung würden sie ganz schön blöd aus der Wäsche gucken. Okay – das tun 99 Prozent aller Bundesbürger ehrlich gesagt auch.

Vielleicht sollten wir uns nicht ganz so viel auf unsere geistigen Fähigkeiten einbilden. Denn bereits das Nervensystem einer Schnecke funktioniert nach denselben Prinzipien wie die menschliche Großhirnrinde. Ein Plattwurm hat zwar nur ein paar hundert Nervenzellen, aber sein Verhaltensrepertoire unterscheidet sich nicht sehr viel vom unsrigen: Schlafen, Essen, Sex. Seit den Zeiten der Dinosaurier hat sich unter unserer Schädeldecke praktisch nichts Grundlegendes mehr verändert. Die Evolution hat einfach nur angebaut. Bei dem einen mehr, bei dem anderen weniger.

Was also unterscheidet einen klugen von einem doofen Organismus? Vor einigen Jahren hat man Versuchspersonen einen IQ-Test machen lassen und sie nach dem Test gefragt, wie sie sich selbst einschätzen würden. Das Interessante: Diejenigen, die sich als am intelligentesten einschätzten, hatten die schlechtesten Testergebnisse. Doofe sind also unter anderem deswegen doof, weil sie glauben, dass sie clever sind. Eine Erkenntnis, die schon dem großen Albert Einstein auffiel: «Der Horizont vieler Menschen ist ein Kreis mit Radius null. Und das nennen sie ihren Standpunkt.»

DENKEN FÜR DEN EIGENBEDARF

↘ ZURÜCK ZUR NATUR

«Du, Schahaaatz, findest du mich eigentlich zu dick?» Jeder, aber wirklich j-e-d-e-r Mann kennt diesen Satz. Und meistens von Frauen, die beim Duschen aufpassen müssen, dass sie nicht durchs Flusensieb rutschen. Sie wissen, wen ich meine. Diese «Ich–nehm-ein-stilles-Wasser-und-einen-kleinen-Salat-ohne-Dressing»-Fraktion.

In der zweiten Staffel von *Germany's next Topmodel* hat Heidi Klum sogar darüber diskutiert, ob die eine oder andere Bewerberin eventuell zu moppelig sein könnte. Dabei haben die ja alle schon Kleidergröße null! Was kommt danach? Antimaterie? Das kennt man aus der Hochenergiephysik. Wenn Materie mit Antimaterie zusammentrifft, dann vernichten sich beide in einem Lichtblitz. So gesehen, eine durchaus elegante Methode, um Frau Klum loszuwerden.

Interessanterweise bevorzugen einer Umfrage zufolge Männer sowieso eher die rundlicheren Formen. Wenn man Versuchspersonen Fotos von Frauen vorlegt, wählen Männer die Bilder von denjenigen Damen aus, die tendenziell ein paar Kilos «zu viel» auf den Hüften haben. Sind die befragten Männer obendrein gerade hungrig, ist die Präferenz für gewichtige Frauen sogar noch ausgeprägter. Wenn Sie also Ihre Frau ein bisschen zu rundlich finden, dann schauen Sie sie einfach nur an, wenn Ihnen der Magen in den Kniekehlen hängt.

Früher war das alles noch viel entspannter. Meine Oma wog bei einer Körpergröße von 1 Meter 72 satte 110 Kilo. Aber natürlich kam damals keiner auf die Idee zu sagen, sie sei zu dick. Oma hatte «schwere Knochen». Heute dagegen legt man gnadenlos den Finger in die Wunde. Noch nie war Übergewicht so verpönt. Und jeden Monat überschlägt sich das Gesundheitsministerium mit neuen Horrorzahlen über die Volksverfettung. Mittlerweile sind die Deutschen angeblich so fett, dass Geologen befürchten, die Erdachse könne durch die entstehende Unwucht ins Trudeln geraten.

Doch werden wir tatsächlich alle immer übergewichtiger? Bei näherem Hinsehen sind die statistischen Daten über das Dicksein ziemlich dünn. Das Robert-Koch-Institut kritisierte die ungenauen Befragungsmethoden bei der Ermittlung der Zahlen in Deutschland. Schlanke Altersgruppen wurden bei den Studien einfach weggelassen, an manchen Orten wurden die Personen teilweise bekleidet, teilweise unbekleidet gewogen. Die Resultate einiger deutscher Bundesländer stellten sich im Nachhinein als unbrauchbar heraus, weil die Daten mit verschiedenen Methoden verrechnet wurden.

Der hysterische Satz «Die Deutschen werden immer dicker!» erfolgt aus dem hohlen Bauch heraus, denn Vergleichsdaten über den Gewichtszustand von vor zwanzig Jahren fehlen praktisch völlig.

Auch die Frage, wovon man dick wird, ist noch ziemlich ungeklärt. Der landläufigen Meinung nach von zu viel Essen und zu wenig Bewegung. Die grausame Wahrheit aber lautet: Kein Mensch weiß, welche Rolle Ernährung und Bewegung tatsächlich spielen. Genau das ist der Grund, weshalb Diäten nicht funktionieren. Untersuchungen haben gezeigt, dass unter anderem zu wenig Schlaf dick macht. Oder haben Sie jemals Ottfried Fischer im Bett gesehen? Mittlerweile gilt es sogar als gesichert, dass das Körpergewicht eines Menschen zum großen Teil genetisch bedingt ist. Genau genommen müssten also die Diättipps in den Frauenzeitschriften nicht lauten: «Friss die Hälfte», sondern: «Such dir andere Großeltern».

DENKEN FÜR DEN EIGENBEDARF

Neben dem Klimawandel und dem Privatleben von Madonna gibt es zurzeit wohl kaum ein Thema, bei dem so viele Irrtümer und Halbwahrheiten vorherrschen, wie bei der Ernährung. Auch der derzeitige Bio-Boom ist mit Vorsicht zu genießen. Eine umfassende Studie der Bundesforschungsanstalt für Ernährung und Lebensmittel kam vor einigen Jahren zu dem Schluss, dass es keine Hinweise darauf gibt, dass es gesünder ist, sich ausschließlich mit Bio-Lebensmitteln zu ernähren. Die Forscher fanden weder beim Geschmack noch bei der Zusammensetzung von Vitaminen, Mineralstoffen oder Spurenelementen signifikante Unterschiede zwischen konventionellen und ökologischen Erzeugnissen. Aber wehe, Sie erwähnen das bei Menschen, die einen alternativen Lebensstil pflegen. In dem Punkt verstehen die keinen Spaß. Und in vielen anderen Punkten auch nicht. Ich war mal mit einer strengen Vegetarierin zusammen – und da blieb oft auch im Schlafzimmer die Fleischeslust auf der Strecke.

Ich dagegen bin ein großer Freund von fleischhaltiger Ernährung. Was wahrscheinlich damit zusammenhängt, dass ich auf dem Land groß geworden bin. Wenn Sie von klein auf mitbekommen, wie Schweine, Hasen oder Hühner geschlachtet werden, haben Sie einfach einen anderen Bezug zu Tieren. Nach jeder Hausschlachtung gab es immer ein großes Festessen bei meiner Oma. Mit Presskopf, Kuttelsuppe oder Blutgulasch. Das hat super geschmeckt! Und wenn etwas übrig geblieben ist, hat es mein Vater zum Abbeizen von Möbeln verwendet. So war das damals.

Wussten Sie übrigens, dass sich unser Gehirn über die Jahrmillionen gerade deswegen so stark entwickelt hat, weil wir Fleischfresser sind? Ich gebe zu, das kann man sich nur schwer vorstellen, wenn man den typischen Deutschen beim Grillen sieht, aber es stimmt. Zum einen ist Fleisch für das Gehirnwachstum der beste Energielieferant, und zum anderen muss man wesentlich intelligenter sein, um einen Hasen zu überwältigen als einen Kohlkopf. Große Gehirne lohnen sich anscheinend nur, wenn man sie auch benutzt. Das ist der Grund, weshalb in der Tierwelt die Pflanzenfresser den Fleischfressern intellektuell deutlich hinterherhinken. Trotzdem würde ein Vegetarier einen Fuchs bei Vertragsverhandlungen natürlich immer noch locker über den Tisch ziehen.

Aber auf diese Argumentationsebene ließ sich meine damalige Vegetarier-Freundin leider nie ein, sondern warf mir stattdessen Sätze entgegen wie: «Wir müssen viel mehr im Einklang mit der Natur leben!» Mein Gegenargument: «Wenn du im Einklang mit der Natur leben willst, dann fahr in die Serengeti und leg dich eine Nacht neben ein Löwenrudel», wurde leider regelmäßig mit einem verächtlichen «Du bist so unromantisch!» abgetan.

Paradoxerweise hat uns aber gerade die Abkehr von der natur-nahen Lebensweise ein angenehmes Leben ermöglicht. Vor etwa 10 000 Jahren haben wir begonnen, Nutzpflanzen und Nutztiere zu züchten, die es vorher nicht gab. Nahezu alles, was wir essen, ist keine Naturgabe, sondern wurde durch mühevolle, künstliche Züchtung geschaffen. Als die Milch noch naturbelassen, also nicht pasteurisiert war, sind die Menschen scharenweise an Infektionen gestorben. Doch wenn die EU heute Rohmilchkäse verbietet, beschweren sich die Hardliner: «Wir wollen uns auf ganz natürliche Weise das EHEC-Bakterium holen!»

Wenn Menschen, die sich ökologisch ernähren, also nicht gesünder leben, leben sie dann wenigstens glücklicher? Na ja. Wenn man sich die oftmals verbissenen Gesichter in Reformhäusern anschaut, muss man ernsthaft daran zweifeln. Denn für immer mehr Menschen erfüllt der Bio- und Gesundheitsboom die Funktion einer Ersatzreligion. Die (grundsätzlich sinnvolle) Einstellung, sich bewusst zu ernähren, wird mehr und mehr zum Dogma. Alles, was «bio» ist, gilt als rein und unverfälscht. Ernährungsberater und Diätgurus – egal, wie unseriös ihre Aussagen auch sein mögen – mutieren zu Priestern der Neuzeit. Und wer deren Wahrheitsgehalt hinterfragt, gilt bei den Anhängern als Ketzer – oder noch schlimmer: als ein Vertreter der bösen Nahrungsmittelkonzerne.

Trotzdem kann man mit Ökos natürlich auch Spaß haben. Letzte Woche erlaubte ich mir bei der Verkäuferin an der Tofu-Theke einen kleinen Scherz und fragte sie: «'tschuldigung, wie stehen Sie eigentlich rein moralisch zu fleischfressenden Pflanzen ...?»

↘ DENK-ÜBUNGEN I.

ERKENNE DICH SELBST

In Selbsthilfebüchern steht oft: «Sei einfach du selbst», was denken Sie darüber?

A Das kann man doch nicht jedem wünschen

B Von wegen «einfach»

C Wer bin ich, und wenn ja, wie viele?

D Alles muss man selber machen

WISSEN ODER MEINUNG?

Joseph Beuys antwortete auf die Frage, warum er Taschenlampen an seinem Knie befestigt habe: «Ich denke sowieso mit dem Knie.» Was würden Sie sagen, womit Sie selbst denken?

A Bauch **C** Po

B Beine **D** Mehr so ganzheitlich

IQ-TRAINER

Städter gehen in den Wald, um sich zu erholen. Wohin gehen Waldarbeiter?

A In die Stadt **C** In einen anderen Wald

B Auch in den Wald **D** In sich

DENKSPORT

James Cook, berühmter Weltumsegler, machte drei große Fahrten. Auf einer dieser Touren verstarb er. War es A) die erste, B)die zweite oder C) die dritte? *(Lösung und Auswertung ab Seite 217)*

73 DENKEN FÜR DEN EIGENBEDARF

II.

DENKEN ODER FÜHLEN

↘ Wozu gehören Sie? Sind Sie eher Denker oder Fühler? Fühlen Sie, dass Sie glauben? Oder denken Sie, dass Sie fühlen? Ich muss nicht lange darüber nachdenken. Ich bin auf jeden Fall Denker. Glaube ich zumindest. Denn nicht nur beim Glauben und Fühlen, sondern auch beim Denken kann man sich irren. Und wie.

Der Philosoph Ludwig Wittgenstein fragte einmal einen Bekannten: «Warum hielten es die Menschen so lange für ganz natürlich, dass die Sonne um die ruhende Erde kreist?» Darauf bekam er die Antwort: «Es hat eben den Anschein, dass sich die Sonne um die Erde dreht.» Worauf Wittgenstein erwiderte: «Wie hätte es denn ausgesehen, wenn es den Anschein gehabt hätte, dass sich die Erde um die Sonne dreht?»

Die meisten Denkirrtümer basieren nicht auf Fehlern in unserer Logik, sondern auf einseitigen Wahrnehmungen. Um herauszufinden, ob unsere Vorstellung von der Welt auch der Wirklichkeit entspricht oder ob man eventuell einem Irrtum aufsitzt, muss sie mit der Realität abgeglichen werden. Genau das ist der Grundgedanke von Wissenschaft.

Wissenschaftliches Denken ist, banal gesagt, eine Methode zur Überprüfung von Vermutungen. Wenn ich vermute: «Im Kühlschrank könnte noch Bier sein …», und ich schaue nach, dann betreibe ich im Prinzip schon eine Vorform von Wissenschaft. In der Theologie dagegen werden Vermutungen in der Regel nicht überprüft. Wenn ich also nur behaupte: «Im Kühlschrank ist Bier», bin ich Theologe. Wenn ich nachsehe, bin ich Wissenschaftler. Wenn ich nachsehe, nichts finde, aber trotzdem behaupte: «Es ist Bier drin!», dann bin ich Esoteriker.

An der Stelle fragen sich vielleicht einige: «Aber was mache ich, wenn der Kühlschrank abgeschlossen ist?» Dann muss ich anderweitig versuchen, die Wahrheit herauszufinden. Ich kann ihn schütteln. Ich kann ihn wiegen. Ich kann ihn mit Röntgenstrahlen durchleuchten. Ich kann das Ding sogar abfackeln und danach die Verbrennungsprodukte auf Bier untersuchen. Das macht die Sache natürlich extrem aufwendig und langwierig. Deswegen kann ein Esoteriker in fünf Minuten auch mehr Unsinn behaupten, als ein Wissenschaftler in seinem ganzen Leben widerlegen kann.

Doch selbst wenn ich alle möglichen Experimente durchgeführt habe, habe ich nie die volle Gewissheit, ob in diesem blöden Kühlschrank tatsächlich Bier ist. Ein Restzweifel bleibt immer. Weil ich mit jedem Experiment nur einen kleinen Teil der Wirklichkeit sehen kann. Das ist der Grund, weshalb es in der Wissenschaft kein absolut gesichertes Wissen gibt.

Existiert fremdes Leben im Universum? Kann man das Wetter vorhersagen? Warum haben wir Angst vor Spinnen und nicht vor schnellem Autofahren? Antworten darauf gibt's in diesem Kapitel …

↘ QUANTENMECHANIK IST KEINE FUSSMASSAGE

Naturwissenschaftler haben in der heutigen Zeit ein eher schlechtes Image – fast vergleichbar mit Attentätern oder Amokläufern. Die Allgemeinheit findet den Job total spannend, gleichzeitig will aber keiner etwas mit denen zu tun haben, die ihn ausüben. Wenn ich auf einer Party erzähle, dass ich Vorlesungen in Kernphysik besucht habe, dann glauben die Leute sofort, ich würde in meinem Hobbykeller Plutonium anreichern. Das stimmt natürlich, aber was ist daran so schlimm?

Gründe für dieses Imageproblem gibt es viele. In Filmen oder in der Literatur wird der Wissenschaftler seit jeher als gefährlicher Psychopath dargestellt, der sich als Gott aufspielt: Dr. Faustus bei Goethe, Dr. Frankenstein bei Mary Shelley oder Dr. Brinkmann in der Schwarzwaldklinik. Dabei ist wissenschaftlicher Fortschritt erst einmal nie gut oder schlecht. Es kommt immer auf die Anwendung an. Mit einem Laser kann man eine Pershing-Rakete steuern oder im CD-Player Roberto Blanco hören. Was ist schlimmer?

Bedauerlicherweise ignorieren viele Menschen, dass es gerade die Wissenschaften waren, die uns ein angenehmes Leben ermöglicht haben. Der Ottomotor, der Kühlschrank oder die Röntgenstrahlen haben unsere Lebensqualität immens verbessert. Ohne die Erfindung der Glühbirne müssten wir sogar heute noch bei Kerzenlicht fernsehen.

Dieses Desinteresse an der Naturwissenschaft hat übrigens schon früheren Hochkulturen das Genick gebrochen. Die Mayas sind unter anderem deshalb untergegangen, weil viele von ihnen im neunten Jahrhundert einer großen Dürre zum Opfer fielen. Dabei hätten sie diese Katastrophe problemlos verhindern können, wenn sie einfach über die Jahre ordentlich Wetterberichte aufgezeichnet hätten. Dann wäre ihnen nämlich aufgefallen, dass es in ihrer Region regelmäßig zu extremen Trockenzeiten kommt. Doch was haben sie stattdessen dokumentiert? Endlose Ergüsse über die Heldentaten der Könige! Die Mayas sind also untergegangen, weil sie sich mehr für *Gala* und *Bunte* interessiert haben als für *Bild der Wissenschaft*. Das sollte uns eine Warnung sein.

Viele Menschen schwärmen von der «guten alten Zeit». In Wirklichkeit jedoch war die gute alte Zeit kurz, dreckig und grausam. Ein vereiterter Zahn war eine unerträgliche Qual, Kinder wurden durch Rachitis verstümmelt, und die Menschen starben wie die Fliegen an Krankheiten, über die wir heute nur lächeln können. Nietzsche ist an Syphilis gestorben. Heute ist Syphilis mit Penicillin problemlos heilbar. Nietzsche wäre zwar inzwischen trotzdem schon tot, aber immerhin.

Wir alle sind Nutznießer von lebensrettenden Maßnahmen, die im letzten Jahrhundert von klugen Naturwissenschaftlern entwickelt wurden: sauberes Wasser, Impfungen, Antibiotika, Insulin, Hormone, schmerzstillende Mittel. Dadurch hat sich die Lebenserwartung in kürzester Zeit fast verdoppelt. Vor hundert Jahren gab es so wenig Siebzigjährige, weil die meisten Siebzigjährigen nicht über vierzig wurden. Es gab keine künstlichen Hüftgelenke, keine Betablocker und keine lila Dauerwelle. Die Menschen waren katastrophal ernährt. Fast so schlecht wie heute die Supermodels.

Kurz gesagt: Ohne den wissenschaftlichen Fortschritt hätte nur etwa die Hälfte von Ihnen dieses Buch gekauft. Weil die andere Hälfte nicht mehr am Leben wäre. Und das wäre doch jammerschade, oder?

Trotz dieser unglaublichen Erfolge haben Naturwissenschaftler in unserer Gesellschaft einen schlechten Ruf. Fortschritt und Technologie werden für die atomare Bedrohung verantwortlich gemacht, für Umweltverschmutzung, ja, sogar für die allgemeine Entmenschlichung. Das ist genauso, als würde man Newton für Flugzeugabstürze verurteilen, nur weil er die Theorie der Schwerkraft entwickelt hat.

So haben wir es derzeit mit der paradoxen Situation zu tun, dass die Wissenschaft in den vergangenen Jahrzehnten praktisch alle Schlachten gewonnen, aber den Krieg trotzdem verloren hat. Umweltaktivisten, die Genmaisfelder verwüsten, werden bei vielen als Helden gefeiert, Arzneimittelforscher, die für ein vielversprechendes Parkinsonmedikament Tierversuche unternehmen, werden mit Geringschätzung bestraft.

Dadurch spielt die forschende Zunft in der öffentlichen Wahrnehmung eine immer unbedeutendere Nebenrolle. Unter den 100 einflussreichsten Intellektuellen in Deutschland sind gerade mal zwei Naturwissenschaftler. Die Diskussion über Leben und Tod, Gut und Böse, Arm und Reich wird in diesem Land hauptsächlich von Journalisten, Schriftstellern, Theaterleuten oder Theologen geführt. Personengruppen, die Ängste schüren und Dinge verteufeln, von denen sie oft nicht einmal im Ansatz verstehen, was diese bedeuten.

Wieso geht man wie selbstverständlich davon aus, dass Günter Grass genauso viel über die Globalisierung weiß wie ein Ökonomieprofessor? Warum glaubt man, ein katholischer Abt könne zur Stammzellenforschung Profunderes beitragen als ein Molekularbiologe? Etwa, weil sich Mönche durch Zellteilung vermehren?

Noch niemals waren die Naturwissenschaften erfolgreicher, noch nie waren ihre Auswirkungen auf unser Leben gewalti-

KURZ DAVOR!

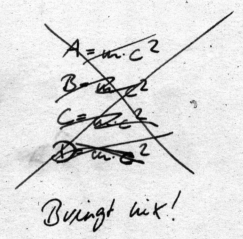

Bringt nix!

ger, und doch sind die Ideen und Theorien vielen, selbst gebildeten, Menschen, vollkommen fremd. Es ist erstaunlich, dass ein Großteil der Deutschen fälschlicherweise glaubt, durch den Verzehr von Gentomaten würden die eigenen Gene verändert werden. Oder dass künstlich erzeugte Radioaktivität grundsätzlich gefährlicher ist als natürliche. Einigen ist sogar schleierhaft, warum ein Föhn trotzdem geht, obwohl ein Knoten im Kabel ist.

Doch das eigentlich Frustrierende ist: Die meisten sehen das noch nicht mal als Problem. In intellektuellen Kreisen gilt es zwar als verpönt, nicht zu wissen, worin sich Faust I von Faust II unterscheidet, gleichzeitig brüstet man sich aber damit, keine Ahnung über den Zweiten Hauptsatz der Thermodynamik zu haben. Wenn Sie damit kokettieren, dass Sie Quantenmechanik für eine Fußmassage halten, gelten Sie im deutschen Bildungsbürgertum als cooler Typ. Unsere geistige Elite ist stolz auf ihre Ignoranz, schiebt in Podiumsdiskussionen stirnrunzelnd das Rotweinglas von links nach rechts und drischt Phrasen über Ethik, Moral und Verantwortung.

Vor einigen Jahren schrieb der Literaturprofessor Dietrich Schwanitz in seinem Bestseller *Bildung*: «Die naturwissenschaftlichen Kenntnisse werden zwar in der Schule gelehrt; sie tragen auch einiges zum Verständnis der Natur, aber wenig zum Verständnis der Kultur bei. Naturwissenschaftliche Kenntnisse müssen zwar nicht versteckt werden, aber zur Bildung gehören sie nicht.»

Eine – wie ich finde – sehr arrogante Haltung. Denn wer Naturwissenschaft betreibt, lernt nicht nur etwas über Formeln und Zahlen, sondern er lernt, wie die Welt funktioniert, wo Erkenntnisgrenzen sind, und er lernt vor allem, was Wissenschaft bedeutet: skeptisch zu sein, kritische Fragen zu stellen,

Autoritäten nicht blind zu vertrauen. Deswegen ist es auch kein Zufall, dass Wissenschaft und Demokratie zum gleichen Zeitpunkt entstanden sind: im alten Griechenland.

Die Werte der Naturwissenschaften und die der Demokratie gleichen sich und können in vielen Fällen nicht unterschieden werden. Beide bestehen auf vernünftiges Denken und Aufrichtigkeit. Beide sind an keine privilegierten Positionen gebunden, fördern den freien Austausch von Ideen, unkonventionellen Meinungen und lieben den leidenschaftlichen Diskurs.

Der Nobelpreisträger Richard Feynman sagte dazu treffend: «Naturwissenschaft ist eine lange Geschichte, wie wir gelernt haben, uns nichts mehr vorzumachen.» Noch vor 400 Jahren wurde jedes Unwetter und jede Krankheit, alles, was irgendwie außerhalb der Normalität war, dem Hexenwerk zugeschrieben. Heute liefern Molekularbiologie und Meteorologie eine Erklärung für das, was noch vor wenigen Jahrhunderten ausgereicht hat, um Frauen zu verbrennen.

Das größte Geschenk der Wissenschaft besteht darin, dass sie uns etwas über den Gebrauch von geistiger Freiheit lehrt. Lernen, die richtigen Fragen zu stellen; zu überprüfen, welche Gründe verlässlich sind, und sich bewusst sein, dass man vieles nur sehr unzulänglich weiß. Ist das etwa keine kulturelle Leistung, Herr Professor?

⭨ ALLES HEISSE LUFT

Weltretten ist ja zurzeit unglaublich hip. Günther Jauch trinkt Krombacher für den Regenwald. Cameron Diaz benutzt einlagiges Klopapier. Und Frank Asbeck, der Chef der Bonner Solarworld AG, fährt mittlerweile seinen 300 PS starken Maserati aus Energiespargründen nur noch, wenn die Sonne scheint.

Jeder kleine Beitrag zählt, denn es sieht nicht gut aus für die Zukunft unseres Planeten. Das Klima spielt verrückt, und wir mit unserer CO_2-Produktion sind daran schuld. Das sagt zumindest der Ex-US-Präsidentschaftskandidat und selbsternannte Umweltengel Al Gore. Und mit ihm praktisch der gesamte Weltklimarat. Und seit das renommierte Wissenschaftsmagazin BILD titelte: «Geheimer Klima-Bericht – Wir haben nur noch dreizehn Jahre!», geriet die ganze Nation in Panik. An der Sache *muss* etwas dran sein. Jeder redet darüber, und in allen Sendungen wird uns eingeheizt: Wir haben auf Kosten der Natur gelebt, haben diesen Planeten ausgebeutet – und bekommen jetzt die Quittung. Wir sind schuld, weil wir sorglos unsere Ressourcen durch den Kamin blasen. Wir haben uns an dieser Erde versündigt und müssen nun büßen. CO_2-Sünder sind wir!

Die größten Klimasünder sind übrigens Nationen wie USA, Japan oder Frankreich. Länder wie Nordkorea, Simbabwe oder der Iran dagegen schneiden in der CO_2-Bilanz wesentlich besser ab. Können wir uns also die Demokratie überhaupt noch leisten?

Wir in Deutschland setzen in punkto Klimaschutz auf den sogenannten Emissionshandel. Keine neue Idee, der mittelalterliche Ablasshandel ist das Vorbild: Wenn ich an einer Stelle CO_2 verbrauche, kann ich mich von der Sünde freikaufen, in-

DENKEN ODER FÜHLEN

dem ich es an anderer Stelle wieder einspare. Angenommen, Sie haben einen Porsche Cayenne und fahren im Monat 1000 km. Damit blasen Sie etwa 400 kg CO_2 in die Luft. Diese immense Menge können Sie ganz leicht wieder einsparen, und zwar durch – Atmung! Ich hab's ausgerechnet: Wenn ich 35 Minuten lang die Luft anhalte, kann ich dafür mit einem Cayenne CO_2-frei zum Bäcker fahren. Man muss eben auch mal kleinere Brötchen backen.

Als ich ein Kind war, hatte man übrigens noch ganz andere Zukunftsängste. Vor dreißig Jahren prognostizierten viele Fachleute panisch eine bevorstehende Eiszeit. Damals gingen drei Jahrzehnte lang die Temperaturen kontinuierlich nach unten. Als jedoch in den 70ern die hochtoupierten Frisuren in Mode kamen, änderte sich schlagartig das Weltklima. Alleine der Haarsprayverbrauch meiner Mutter ließ die Globaltemperatur innerhalb weniger Monate um 2,5 Grad nach oben schnellen. Und obwohl sie bald auf einen CO_2-neutralen Kurzhaarschnitt umstieg, hatte sie damit wohl eine andere tödliche Spirale in Gang gesetzt. Denn seitdem wird's immer wärmer. Und die hohen Temperaturen steigen uns mehr und mehr zu Kopf. Selbst mein Nachbar lässt mittlerweile sogar nachts sein Eisfach offen, um die Erderwärmung aufzuhalten.

Könnte es sein, dass die gesamte Hysterie über den Klimawandel kompletter Unfug ist? Oder anders gefragt: Wie hoch sind denn wirklich die Chancen, dass wir den Eskimos in dreizehn Jahren aufgrund unseres CO_2-Ausstoßes endlich Kühlschränke verkaufen können? Seriöse Forscher sind sich in dieser Frage vollkommen einig. Die Antwort lautet: ein ganz entschiedenes Wissen-wir-nicht.

Das Klima ist ein hochkomplexes System. Dutzende von Einflussgrößen stehen in kompliziertesten Wechselwirkungen zueinander. Und jeder Mathematikstudent weiß: Schon eine Gleichung mit drei Unbekannten ist nicht lösbar. Während eine Begegnung mit drei Unbekannten durchaus schöne Ergebnisse erzielen kann.

Das Einzige, was man sicher weiß, ist: In den letzten Jahrzehnten gingen die Temperaturen stark nach oben. Und wenn sich diese Entwicklung fortsetzt, dann werden sicherlich viele Regionen mit großen Problemen zu kämpfen haben. Andererseits haben höhere Temperaturen durchaus auch positive Aspekte. Die Heizkosten weltweit werden sinken. Ganz Sibirien wird fruchtbarer werden. Und wenn ich an die Nordsee möchte, spare ich mir die Fahrt durch Holland.

Der Klimawandel ist eine Realität. Doch welche Rolle das CO_2 dabei spielt, ist alles andere als geklärt. Im Laufe der Erdgeschichte hat es schon immer riesige Temperatursprünge gegeben, ohne dass der Mensch CO_2 ausgestoßen hat. Vor 15 000 Jahren sind die Gletscher ja nicht deswegen geschmolzen, weil der Neandertaler die erste Grillsaison eröffnet hat.

Und trotzdem behauptet ein Teil der einflussreichsten Klimaforscher nunmehr schon seit Monaten: «Im Wesentlichen sind die Zusammenhänge geklärt.» Dazu muss man wissen, dass Klimaforschung alles andere als eine exakte Wissenschaft ist. Im Gegenteil. In der Fachwelt gelten Klimaforscher so ein bisschen als die Homöopathen unter den Naturwissenschaftlern. Beweisführung, Methoden, Modelle – damit nimmt's der Klimaforscher in der Regel nicht so genau. Und wenn Sie das nicht glauben, dann lesen Sie den Weltklimabericht. Dort findet sich in Kapitel 13 der Satz: «Klimamodelle arbeiten mit gekoppelten nicht-linearen chaotischen Systemen. Dadurch ist eine langfristige Voraussage des Systems Klima nicht möglich.» Was sagt uns das? Egal, ob Sie eine Versicherung abschließen oder die Welt retten wollen – lesen Sie vorher auf jeden Fall das Kleingedruckte.

Damit will ich natürlich nicht sagen, dass wir rücksichtslos unsere Umwelt versauen sollen. Im Gegenteil. Energiesparen ist absolut sinnvoll und kann sogar Spaß machen. Auf der alternativen Hippieseite *www.fuckforforest.com* können Sie zum Beispiel für einen Monatsbeitrag von 15 Dollar klimaneutral masturbieren. Wenn Sie zu Hause einen Deckenventilator haben, schrauben Sie einfach mal die Flügel ab. Dadurch verbraucht er viel weniger Strom.

Auch Sonnenenergie ist eine feine Sache. Für die Basisversorgung ist sie allerdings etwas zu ineffektiv. Obwohl man sie mit jährlich einer Milliarde Euro subventioniert, macht Photovoltaik nur 0,1 Prozent des Primärenergieverbrauches aus. Rein von der Ökobilanz wäre es also effektiver, Langzeitarbeitslosen 100 000 Euro pro Jahr zu zahlen, damit sie ein, zwei Stündchen am Tag auf Ergometern für den deutschen Energiehaushalt strampeln.

Deswegen heißt Solarenergie ja auch so. Weil sie *so lala* funktioniert. Wenn Sie ein mittleres Kohlekraftwerk durch Sonnenkollektoren ersetzen wollen, brauchen Sie dafür etwa die Fläche von ganz Offenbach. Gut, der Frankfurter würde sagen: «Das ist es mir wert …»

Denn wenn es um das Klima geht, darf uns kein Opfer zu groß sein. Früher wurden ganze ICE-Trassen umgelegt, um den Wachtelkönig oder die Mopsfledermaus zu retten, und heute setzt man sich dafür ein, die gesamte Nordseeküste mit Windkraftanlagen zuzubetonieren. Das sei zwar nicht schön, aber das Wattenmeer sterbe dann wenigstens für eine gute Sache, denken die Klimaschützer. Und darauf kommt es doch an. Wenn die CO_2-Bilanz stimmt, ist uns die Umwelt egal. Deswegen ist die Durchsetzung des Kyoto-Protokolls ja auch so wichtig. Das Kyoto-Protokoll basiert im Wesentlichen auf der Idee, zwei Billionen (!) Euro für Maßnahmen auszugeben, die dafür sorgen, dass Bangladesch nicht 2050 absäuft – sondern erst fünf Jahre später. Das ist nicht nur ökonomischer Irrsinn, sondern schadet letztlich genau denjenigen, die durch den Klimawandel die größten Probleme haben werden.

Und genau aus diesem Grund gehen mir Leute wie Al Gore so auf die Nerven. Weil sie vor lauter Weltretterei die Menschen vergessen. Weil sie von einer Gesellschaftsordnung träumen, in der nicht der Mensch, sondern das Klima an erster Stelle steht. Und weil sie ein Weltbild vertreten, das als grundsätzliche Ursache für die Probleme der Welt allein die Verbreitung des Homo sapiens sieht.

Ich habe bis zum heutigen Tage nicht verstanden, warum das einen Friedensnobelpreis wert ist.

↘ ES GIBT MEHR DING' IM HIMMEL UND AUF ERDEN …

Mein Nachbar Karlheinz hat neulich seine Mikrowelle aus der Wohnung geworfen, weil sie angeblich Krebs auslöst. Gleichzeitig legt er sich dreimal die Woche unters Solarium. Dabei haben UV-Strahlen eine Milliarde Mal mehr Energie als Mikrowellen. Vielleicht haben Solarien deswegen auch so 'n bisschen die Form eines Sarges.

Übrigens, und um Sie zu beruhigen: Mikrowellen sind definitiv NICHT krebserregend. Das hat man in Tierversuchen rausgefunden. Immer dann, wenn man einen Hamster in eine Mikrowelle gesteckt hat, ist sein Krebsrisiko auf null gesunken.

Karlheinz sind solche Fakten vollkommen egal. Ich bin sicher, Sie kennen diesen Typus. Früher war Verlass auf ihn: Sobald das Thermometer über zehn Grad stieg, legte Karlheinz Tabac original auf, stieg in Bermudas und Adiletten und warf den Grill an. Heute drapiert er ein naturfarbenes Leinengewand über die Wampe, trägt einen Heilstein um den Hals, riecht nach Duftöl und macht einen auf Guru. «Wir müssen uns viel mehr auf unseren Bauch verlassen» sagt er. Klingt logisch. Er hat ja auch viel davon.

Und faselt von Sternenkonstellationen, Energiechakren und kosmischen Feldern. Kein Friseurtermin ohne Mondkalender. Dabei hat der 'ne Glatze!

Seit Monaten belegt er Kurse über Aura-Sehen, Reinkarnations-Analytik oder Familienaufstellungen. Beim Rebirthing – so erklärte er mir neulich mit ernster Miene – lernt man mit Hilfe spezieller Atemtechniken, wie unglaublich wichtig die eigene Geburt für das spätere Leben sei. Faszinierend.

Inzwischen kann er anscheinend so professionell ein- und ausatmen, dass er sich sogar «Sri» nennen darf. Der Titel «Sri» wurde ihm von seinem Meister verliehen und gilt bei Esoterikern als absoluter Ritterschlag. Die phonetische Nähe zu dem Wort «Sir» ist da bestimmt kein Zufall.

Und so pendelt *Sri Karlheinz* mittlerweile in seinem gesamten Freundeskreis munter Fruchtzuckerintoleranzen aus und atmet sich dabei regelmäßig mit glückseligem Lächeln kontrolliert in die Bewusstlosigkeit.

Im Zeitalter der Aufklärung war man sich sicher, dass durch Logik und Vernunft Dinge wie Aberglauben, Mythen und Magie schnell der Vergangenheit angehören würden. So kann man sich täuschen. 250 Jahre danach lassen sich sinnsuchende Akademiker von Kinesiologen ihre Energieströme ordnen oder informieren sich vor einem Hauskauf beim Feng-Shui-Experten über schädliche Wasseradern. Laut den Regeln des Feng-Shui müssen sämtliche Einrichtungsgegenstände in ganz bestimmten Konstellationen zueinander stehen, damit im Raum keine negativen energetischen Spannungen auftreten können. Da muss wirklich etwas dran sein. Ich habe zum Beispiel neulich quasi als Test meine Regalwand direkt vor die Toilettentüre geschoben. Und schon nach einem halben Tag bin ich in meiner Wohnung tatsächlich unglaublich unruhig geworden.

Seit 1964 bietet die James Randi Foundation in Zusammenarbeit mit dem internationalen Skeptikerverband demjenigen, der eine beliebige paranormale Fähigkeit unter wissenschaftlichen Bedingungen zweifelsfrei nachweisen kann, eine Million Dollar. Das Geld musste bis zum heutigen Tag nie ausbezahlt werden.

Natürlich gibt es durchaus Phänomene, bei denen Wissenschaftler an ihre Grenzen kommen: In Offenbach gibt es zum Beispiel einen Reiki-Lehrer, der fliegen kann. Gut, zwar nur in eine Richtung, aber immerhin. Oder, genauso irre: Wenn man einen Menschen auffordert, an etwas Positives zu denken, und gleichzeitig seine Körpertemperatur misst, dann steigt sie leicht an, oder sie bleibt gleich, oder sie sinkt minimal. Und jetzt kommt der Hammer: Bei etwas Negativem ist es genau umgekehrt! Wahnsinn!

«Jaaa, aber schon Hamlet hat gesagt: ‹Es gibt mehr Ding’ im Himmel und auf Erden, als eure Schulweisheit sich träumt!›» lautet das übliche Killerargument der Esoteriker. Doch schauen wir einmal, was eigentlich dahintersteckt. Also wenn man diesen Ausspruch quasi total ganzheitlich sieht. Hamlet sagt diesen Satz, als ihm sein verstorbener Vater als Geist erscheint und ihm erzählt, dass er von seinem eigenen Bruder ermordet worden ist. Hamlet hört sich das Ganze an, ist aber gerade eben nicht bereit, der Erscheinung einfach so zu glauben, sondern fordert Beweise. Er bittet eine Schauspielertruppe, den Mord an seinem Vater nachzuspielen, und setzt seine Familie davor, in der Hoffnung, dass sich sein Onkel, der angebliche Mörder, dadurch selbst verrät. Was er dann auch tut.

Das heißt also: Hamlet ist kein leichtgläubiger Eso-Freak, sondern das genaue Gegenteil: Er ist der Prototyp eines skeptischen Wissenschaftlers. Er verlässt sich nicht auf sein Gefühl, sondern fordert Beweise und überprüft seine Vermutung.

Einer Allensbach-Umfrage zufolge glaubt über die Hälfte aller Deutschen an Übersinnliches. Die Esoterikbranche erwirtschaftet pro Jahr einen Umsatz von 400 Millionen Euro. Unglaublich, dass die Menschen so viel Geld ausgeben, um sich von der Dominanz des Materiellen zu befreien.

Die Bereitschaft, offensichtlichen Unsinn zu glauben, ist – so scheint es – grenzenlos. Neulich erst erzählte mir eine gute Bekannte: «Du, ich hatte wirklich mal einen Freund, der konnte in die Zukunft blicken. Aber er hat mich leider verlassen – zwei Wochen bevor wir uns kennengelernt haben …»

Natürlich muss man fairerweise auch anmerken, dass viele Esoteriker ihren Hokuspokus unter dem Deckmäntelchen seriöser Wissenschaft verkaufen. Das macht es für den naturwissenschaftlichen Laien extrem schwer, tiefe Wahrheiten von tiefem Blödsinn zu unterscheiden. Viele durchaus gebildete Menschen sind immer noch der Meinung, die Astrologie habe die gleiche wissenschaftliche Grundlage wie die Quantenmechanik. Die Idee, eine bestimmte Planetenkonstellation zum Zeitpunkt meiner Geburt bestimme meinen Charakter, ist ungefähr genauso plausibel wie der Versuch, in einem stock-

PSYCHOTEST

Auf welchem Bild ist die Stimmung für Sie bedrohliche?

A ☐

B ☐

dunklen Zimmer eine schwarze Katze fangen zu wollen, die gar nicht drin ist.

Wie aber kommt es, dass dieselben Leute, die keinen Gurkenhobel kaufen, ohne vorher fünf Testberichte gelesen zu haben, sich vollkommen selbstverständlich von einem Heilpraktiker wirkungslose Zuckerkügelchen verschreiben lassen? Zumindest bei Sri Karlheinz habe ich eine plausible Erklärung: Es muss an seinen Räucherstäbchen liegen! Irgendeiner von diesen Inhaltsstoffen geht direkt ins Hirn und vernebelt sein Denken. Und dabei bleibt natürlich auch die Logik auf der Strecke.

Fest steht: Aberglaube ist faszinierender als Logik. Dazu gibt es ein interessantes Experiment. In den siebziger Jahren bauten Verhaltensbiologen einen drei Meter langen Käfig, an dessen Ende ein Fressnapf stand. In diesen Käfig ließ man nun eine Laborratte. Die Versuchsanordnung war so konstruiert, dass nach zehn Sekunden Futter in den Napf fiel, vorausgesetzt, dass die Ratte erst zehn Sekunden nach dem Öffnen am Napf ankam. Brauchte sie weniger als zehn Sekunden, blieb der Napf leer. Nach einigem Ausprobieren erfasste die Ratte die offensichtliche Beziehung zwischen dem Auftauchen von Futter und der verstrichenen Zeit. Da sie aber normalerweise für den Weg zum Napf nur etwa zwei Sekunden brauchte, musste sie die restlichen acht Sekunden irgendwie «verbummeln», indem sie zum Beispiel drei Pirouetten ausführte. Die Ratte jedoch nahm irrtümlich an, dass die Ausführung der Pirouetten der Auslöser für das Futter war. Mit der Folge, dass sie bei jedem weiteren Lauf zum Fressnapf akribisch immer wieder das gleiche Ritual ausführte. Kommt Ihnen das nicht irgendwie bekannt vor?

Unser tiefsitzendes Bedürfnis, hinter jedem Ereignis irgendwelche höheren Gründe anzunehmen, führt automatisch zum Glauben. Wenn uns irgendetwas Schlimmes widerfährt, fragen sich viele Menschen automatisch nach dem Sinn. Erstaunlicherweise fragen sehr wenige nach dem Sinn, wenn es ihnen gutgeht oder wenn nichts Schlimmes passiert. Offenbar erfüllt die Beschäftigung mit Mystik eine tiefe Sehnsucht. Und sie gibt uns die Illusion von Kontrolle. «Nächstes Jahr wirst du deinen Traummann treffen – die Karten lügen nicht!» Natürlich lügen die Karten nicht. Weil sie nämlich gar nichts sagen. Die liegen einfach nur rum.

Wie also kann man zuverlässig herausfinden, ob bestimmte Aussagen oder Methoden glaubhaft oder eher dubios sind? Mein Tipp: Seien Sie kritisch und fordern Sie Beweise. Wenn Sie das nächste Mal zu einem Wahrsager gehen, und der fragt Sie: «Was führt Sie zu mir?», dann sagen Sie einfach: «Also, wenn Sie das nicht wissen …»

↘ AUS EINER MÜCKE EINEN ELEFANTEN MACHEN

Unser Körper ist unbestritten ein wahres Wunderwerk. Das menschliche Schienbein beispielsweise ist ein nahezu perfektes Sinnesorgan, um im Dunkeln scharfkantige Möbelstücke zu finden. Einfach faszinierend, wie sich die menschliche Physiognomie im Laufe der Jahrmillionen den äußeren Gegebenheiten angepasst hat. Angenommen, unsere Knie würden nach hinten zeigen, dann wären doch sämtliche Stühle vollkommen nutzlos.

Viele fragen sich: Kann so etwas Hochkomplexes wie der

Mensch nur durch einen reinen Zufall entstanden sein? Muss da nicht ein geheimnisvoller, schöpferischer Plan dahinterstecken?

2007 ergab eine repräsentative Umfrage der *Forschungsgruppe Weltanschauungen in Deutschland*, dass mehr als ein Drittel der Bevölkerung die Evolutionstheorie als Erklärung für die Vielfalt des Lebens ablehnt. Die Befragten waren überzeugt, der langwierige Entwicklungsprozess vom einfachen Einzeller bis hin zu komplexen Lebewesen wie David Hasselhoff könne nur durch die zentrale Steuerung einer höheren Macht zustande gekommen sein. Die Anhänger dieses Gegenentwurfs zur Evolutionstheorie nennen ihre Idee *Intelligent Design*. Die Hardcore-Fans davon sind dem Volksmund auch als *Kreationisten* bekannt.

Betrachtet man die Theorie des Intelligent Design allerdings genauer, so treten viele Widersprüche auf. Wenn uns über die Jahrmillionen angeblich tatsächlich ein kluger, allmächtiger Designer erschaffen hat, warum hat er dann so etwas Unnötiges wie den Blinddarm entwickelt? Gut, vielleicht war er Chirurg …

Wenn man sich etwas intensiver im menschlichen Körper umschaut, muss man einfach an einem intelligenten Designer zweifeln. Alleine, wenn man bedenkt, welchen genetischen Krempel wir mit uns rumschleppen. 90 Prozent des gesamten Erbmaterials ist kompletter Datenmüll. Das linke Ohr ist mit der rechten Hirnhälfte verbunden, Luft- und Speiseröhre sind gekreuzt, die Abwasserleitung läuft direkt durch das Vergnügungsviertel. Kein Bauleiter würde so eine Butze abnehmen. Intelligenter Schöpfer hin oder her – Innenarchitektur ist mit Sicherheit nicht seine Stärke. Doch das hält natürlich keinen Kreationisten davon ab, die Evolutionstheorie für unbewiesenen Mumpitz zu halten. Deswegen an der Stelle eine kleine wissenschaftliche Einführung:

Vor rund 150 Jahren führte Gregor Mendel Kreuzungsversuche mit Erbsen durch und erkannte dabei als Erster das Geheimnis der geschlechtlichen Vermehrung. Ausgerechnet ein katholischer Mönch. Irgendwie paradox.

Kurz danach fand Charles Darwin heraus, dass bei jeder geschlechtlichen Vermehrung minimale Veränderungen entstehen. Die meisten davon sind vollkommen sinnlos und werden sofort wieder eingestanzt. Das ist unter anderem der Grund, weshalb wir keine dritte Schulter haben: weil sie uns in keiner Weise weiterbringt.

Wenn aber eine kleine Veränderung dazu führt, dass man ein bisschen besser im Leben zurechtkommt, dann zeugt das Lebewesen mit dieser «zufälligen Mutation» auch etwas mehr Nachkommen und setzt sich im Laufe der Zeit gegenüber den anderen durch. Deswegen hat sich beispielsweise die Büffelhaut entwickelt. Weil die Büffel ohne Haut immer wieder auseinandergefallen sind.

Diese sogenannte natürliche Selektion geht zwar in ganz kleinen Schritten vor sich, ist aber extrem durchsetzungsfähig. Hätte eine Stubenfliege durch eine zufällige Vergrößerung eine höhere Überlebenschance, würde sich diese Vergrößerung immer weiter durchsetzen. Und nach nur 20 000 Generationen wäre die Stubenfliege etwa so groß wie ein 7,5-Tonner. Deswegen auch der Spruch «aus einer Mücke einen Elefanten machen».

Was immer die Evolution hervorbrachte, entstand also ohne Absicht. Und vor allem ohne den Ehrgeiz, eine optimale Lösung zu finden. Die einzige Grundregel lautet: Wenn etwas funktioniert, wird es beibehalten, wenn nicht, stirbt es aus.

Bibeltreue Menschen dagegen glauben, dass Eva mit dem Apfel die Sterblichkeit in die Welt brachte. Mit der geschlechtlichen Vermehrung kam die Sünde. Evolutionsbiologen sehen

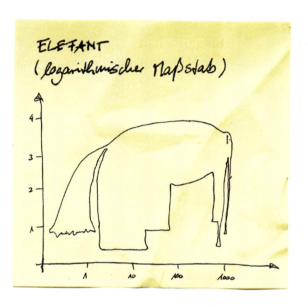

das ganz anders: Sünde muss sein, denn nur so ist Mutation und damit Fortschritt möglich. Die Vertreibung aus dem Paradies war also notwendig. Aber wenn Sünde eine Notwendigkeit ist, dann ist es ja gar keine mehr! Sind Sie noch bei mir? Wenn nicht, die anderen Texte sind auch schön …

Gibt es aber keine Sünde, macht eine Glaubensrichtung, die auf der Erlösung von Sünde basiert, keinen Sinn. Genau aus diesem Grund können Menschen, die die Bibel wörtlich nehmen, die Evolution nicht anerkennen. Kapiert?

Ob Sie es glauben oder nicht, die Naturgeschichte verliefe vollkommen anders, würde sie sich noch einmal abspielen. Genau das ist der Grund, weshalb Charles Darwin bei den *Kreationisten* so unbeliebt ist. Weil er nachwies, dass es ein purer Zufall war, der zu unserer Existenz führte. Aber kaum einen anderen Gedanken können wir Menschen so schlecht akzeptieren wie die Idee, dass wir nicht der Höhepunkt von irgendetwas sind. Darwin machte ein für alle Mal Schluss mit dem Glauben, der Mensch sei ein weit über den Tieren stehendes Ebenbild Gottes. Es entspringt unserer eigenen Eitelkeit, dass wir glauben, die Entstehung der Arten diene dazu, letztlich uns Menschen hervorzubringen.

Selbst Mäuse haben zu 90 Prozent die gleichen Gene wie wir. Etwa die Hälfte aller chemischen Prozesse, die in unserem Organismus ablaufen, laufen exakt auch in einer Banane ab. Wir sind mit Obst sogar viel näher verwandt, als uns lieb ist! Deswegen haben Männer auch Adamsäpfel und Frauen Orangenhaut.

Sicherlich liefert die Evolutionstheorie nicht alle Antworten. Aber sie ist ein ziemlich pfiffiger Ansatz, mit dem man extrem viele Phänomene in der Natur erklären kann. Und jeden Tag kommen neue Erkenntnisse dazu. Fossilfunde, unterschiedliche Organismen mit identischen oder ähnlichen Bauplänen und nicht zuletzt die Untersuchungen der Molekularbiologie bestätigen die Evolution.

Das Konzept des Intelligent Design dagegen hat gar keinen Ansatz. Denn es lebt schlicht und einfach nur davon, dass es die Evolutionslehre für unglaubwürdig erklärt.

Doch noch schlimmer: Die Anhänger des Intelligent Design und des Kreationismus verkaufen ihre Ideologie als Wissenschaft. Eine Ideologie, die nachweisbare Erkenntnisse unterdrückt und auf Ignoranz und Dogmatismus beruht. Somit beinhaltet die Lehre vom Intelligent Design nicht nur die Abkehr vom wissenschaftlichen Denken, sondern auch die Abkehr von Freiheit und Demokratie.

Und wenn Sie jetzt denken, «Das gibt's sowieso nur in den USA», dann werfen Sie einen Blick nach Italien. Dort wollte Silvio Berlusconi vor einiger Zeit die Evolutionstheorie aus den Biologiebüchern streichen. Dass Berlusconi nicht an die Evolution glaubt, ist jedoch nachvollziehbar. Denn laut Darwin setzt sich dort immer der Beste durch …

↘ VERURSACHEN ZAHNSPANGEN PUBERTÄT?

Wussten Sie, dass man jahrhundertelang keine Ahnung hatte, dass es einen Zusammenhang zwischen Geschlechtsverkehr und Schwangerschaft gibt? Einfach, weil zwischen Ursache und Wirkung viel zu viel Zeit liegt.

Heute wissen wir glücklicherweise mehr. Wir wissen sogar, dass die Deutschen 1,53-mal in der Woche Geschlechtsverkehr haben. 1,53-mal – eine vollkommen sinnlose Zahl. Was soll man sich nur unter 0,53-mal Sex vorstellen? Gut, einige Frauen wissen, wovon ich spreche. Doch Vorsicht: Auch von 0,53-mal Sex kann man 1,00-mal schwanger werden.

Nur weil man irgendetwas mit einer Zahl ausdrücken kann, heißt das noch lange nicht, dass es auch Sinn ergibt. Der Vatikan hat eine Grundfläche von einem halben Quadratkilometer und einen Papst. Rein rechnerisch gesehen bedeutet dies: *zwei* Päpste pro Quadratkilometer …

Schon der Kirchenvater Augustinus schrieb um das Jahr 400: «Hütet euch vor den Mathematikern, denn es besteht die Gefahr, dass sie mit dem Teufel im Bunde sind.» Und einige Leser werden ihm bei dem Gedanken an ihren Mathematikunterricht recht geben.

Dabei haben Zahlen für das Verständnis der Welt eine enorme Bedeutung. Die Mathematik kam auf, als unsere Vorfahren zum ersten Mal erkannten, dass eine Menge von drei Speeren, drei Ochsen und drei Frauen irgendetwas Gemeinsames hatte. Salopp gesagt: Mathematik ist eine sehr elegante Methode, Dinge zu beschreiben, ohne genau zu wissen, was das überhaupt für Dinge sind. Deswegen gelten Mathematiker leider oft als realitätsfern. Zu Unrecht, wie ich finde. Was glauben Sie, in welcher Entfernung muss ich hinter einer Frau, die einen Rock trägt, hergehen, um möglichst viel von ihren Beinen zu sehen? Das können Sie natürlich durch aufwendiges Herumprobieren herausfinden. In die Fußgängerzone gehen, Abstände messen, in eine Excel-Liste eintragen und auswerten. Ein unglaublicher Aufwand. Der Mathematiker dagegen spart sich die Zeit, indem er eine einfache Extremwertaufgabe löst. Bei einer Rockhöhe von 60 cm und einer Augenhöhe von 1,80 m ergibt sich der maximale Blickwinkel bei einem Abstand von 1,50 Metern. Der braucht noch nicht mal eine Frau dazu!

Doch auch wenn die meisten Menschen ein gespaltenes Verhältnis zur Mathematik haben, nutzen sie diese schon im ersten Lebensjahr. Diesen Schluss legen die Experimente der kanadischen Psychologin Fei Xu nahe. Demnach können Säuglinge bereits im Alter von acht Monaten erkennen, ob eine Stichprobe zu einer Grundgesamtheit passt oder nicht. Werden aus einer Schachtel mit vielen weißen und wenigen roten Bällen überwiegend rote Bälle gezogen, scheinen die Säuglinge förmlich ins Grübeln zu geraten. Offenbar ist der Mensch schon kurz nach der Geburt zu statistischem Denken imstande.

Eine Fähigkeit, die leider in zunehmendem Alter bei vielen wieder verschwindet. Ein Großteil der bayerischen Politiker fragt sich, wie die CSU in Wahlkreisen 80 Prozent der Stimmen bekommen konnte, obwohl die Wahlbeteiligung doch nur bei 60 Prozent lag.

«Glaube keiner Statistik, die du nicht selbst gefälscht hast» lautet ein Slogan der Bundesagentur für Arbeit. Dass so viele Menschen Statistiken misstrauen, liegt jedoch nicht am Fach, sondern daran, dass die meisten keine Ahnung davon haben.

Häufigster Fehler: die Verwechslung von Korrelationen und Kausalitäten. Oder anders gesagt: Verursachen Zahnspangen Pubertät? Nein, das tun sie nicht (auch wenn einige Teenager fest davon überzeugt sind). Zahnspangen und Pubertät sind miteinander korreliert. Beide Ereignisse treten gleichzeitig auf. Und das ist ziemlich tückisch. Denn nur, weil zwei Ereignisse gleichzeitig auftreten, heißt das noch lange nicht, dass das eine die Ursache des anderen ist: Videospiele und Gewalttätigkeit, Storchenpopulationen und Geburtenhäufigkeit, Mülltrennungs- und Scheidungsraten.

OPTIMALE ENTFERNUNG, AUS DER MANN EINEN ROCK ANSCHAUT

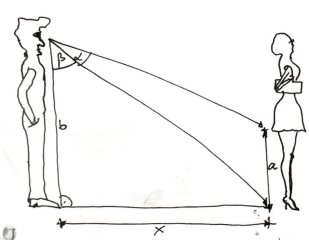

Rockhöhe: $a = 60\,cm$
Augenhöhe: $b = 1,80\,m$

$$z_x(x,a,b) = -a\,\frac{-b^2+ab+x^2}{(b^2+ab+x^2)^2}$$

⇓

Entfernung $x \approx 1,5\,m$

Maximum:
$x_{max} = (b^2-ab)^{\frac{1}{2}}$
   $= 1.499$

Funktionswert:
$z(x_{max},a,b) = 0,207$

Resubstitution:
$\alpha = a\tan(z(x_{max},a,b))$
$\alpha = 11,7°$

Mit ein bisschen Geschick kann man zwischen fast allem eine Korrelation herstellen: In den USA gibt es eine signifikante Häufung von Blutkrebs in der Nähe von katholischen Gotteshäusern. Als Gerhard Schröder Kanzler war, fand man heraus, dass an Tagen, an denen er sich einen Anzug kaufte, deutlich mehr Arbeitslose Selbstmord begingen. Lassen Sie sich jetzt bloß nicht zu einer unbewiesenen Schlussfolgerung hinreißen!

Bedauerlicherweise ist die Statistik ein fruchtbarer Boden für Fehlinterpretationen. Die Mutter des Mathematikers Johannes Kepler wurde wegen Hexerei verhaftet, weil ihr Besuch bei einer Nachbarin unglücklicherweise mit dem Ausbruch einer schweren Krankheit zusammenfiel.

Wenn Sie jetzt übrigens etwas unsicher sind, ob sie sich gut oder schlecht mit Wahrscheinlichkeitsrechnung auskennen, hier ein kleines Beispiel aus dem alltäglichen Leben: Angenommen, Sie sind eine attraktive, emanzipierte Frau, gehen auf die Weihnachtsfeier ihres Unternehmens, haben Spaß und vernaschen nachts um drei den schnuckeligen Dicken aus der Buchhaltung. Weil Sie die Pille nehmen, denken Sie sich: «Kein Problem, was soll schon groß passieren?»

Ein paar Wochen später machen Sie trotzdem einen Schwangerschaftstest, der zu 99,99 Prozent sicher ist, und das Testergebnis sagt: Bingo! Positiv! Der schnuckelige Dicke aus der Buchhaltung hat sich irgendwie durchgemogelt …

Wie hoch ist nun die Wahrscheinlichkeit, dass Sie tatsächlich schwanger sind? 99,99 Prozent? Eben nicht. Um diese Frage zu beantworten, müssen Sie zunächst wissen, wie sicher die Pille ist. Ziemlich sicher, aber ein kleines Restrisiko bleibt.

In Zahlen bedeutet das: Von 100 000 Frauen, die ein Jahr lang die Pille nehmen, werden etwa zehn schwanger. Wenn diese zehn Frauen einen Schwangerschaftstest machen, werden 99,99

Prozent dieser Frauen auch das richtige Testergebnis bekommen. Alle zehn Frauen erhalten also die korrekte Diagnose: schwanger!

Viel interessanter ist die große Gruppe der Nichtschwangeren. Wenn alle 99 990 Nichtschwangeren einen Schwangerschaftstest machen, der zu 99,99 Prozent sicher ist, dann werden 0,01 Prozent dieser Gruppe fälschlicherweise auch die Diagnose «schwanger» bekommen. Und das sind interessanterweise auch zehn Frauen.

Ich fasse kurz zusammen: Wenn 100 000 Frauen, die die Pille nehmen, einen Schwangerschaftstest machen, dann bekommen zwanzig davon die Diagnose «schwanger». Aber nur zehn davon sind es auch wirklich. Verrückt, oder? Ein Test, der zu 99,99 Prozent sicher ist, liefert ein Ergebnis von 50:50.

Und genau das ist einer Bekannten von mir passiert. Sie hatte einen positiven Test, ist zur Schwangerschaftsgymnastik gegangen, hat sogar schon Babysachen gekauft, und irgendwann fiel ihr auf: «Ich hatte seit zwei Jahren gar keinen Sex!»

Statistik erweist sich als ein hochkompliziertes Unterfangen, in dem man Dutzende von Fehlern machen kann: «Nahezu 100 Prozent aller Deutschen sind weiblich und kriminell. Das zeigte eine repräsentative Untersuchung in einem Wuppertaler Frauengefängnis.» Wenn ich den Drogenkonsum in Deutschland untersuchen möchte, dann wird eine Befragung von hundert Versicherungsangestellten ein anderes Ergebnis erzielen als die von hundert Rockstars.

Wendet man Statistik und Wahrscheinlichkeitstheorie allerdings richtig an, sind es wertvolle Instrumente, um Gesetzmäßigkeiten von Zufällen zu unterscheiden. Darauf beruht praktisch unsere gesamte Welterkenntnis. Wie oft fällt ein Apfel zu Boden und wie oft in den Himmel?

↘ VON VAMPIREN UND AUFKLÄRERN

In einer Tageszeitung habe ich neulich ein Interview mit Papst Benedikt gelesen. Der Gottesmann beklagte, dass die Moral in der heutigen Zeit immer mehr mit Füßen getreten würde. Jeder dächte nur an Lustgewinn, würde sich in oberflächliche Vergnügungen flüchten und nach Belieben den Partner wechseln. Diese Worte gaben mir zu denken: Wenn die Verhältnisse schon innerhalb des Vatikans so schlimm sind, wie sieht es dann erst in unserer Gesellschaft aus?

Der Ausdruck «Moral» kommt aus dem lateinischen *mos – Sitte, Brauch, Gewohnheit, Charakter* und bezeichnet das, was als richtiges Handeln eines Einzelnen oder einer Gruppe angesehen wird. Und hier fangen die Schwierigkeiten schon an. Bei den Azteken gehörte es zum guten Ton, jeden Sonntag beim Gottesdienst einem auserwählten Opfer bei lebendigem Leib das Herz herauszureißen. Das war nicht schön, aber zu der Zeit ein moralisches Muss. Für einen Taliban gebietet es die Moral nach wie vor, Frauen wie Sklaven zu halten. Und weil Sex mit dem gleichen Geschlecht irgendwie igittigitt ist, sind für jeden tiefgläubigen Juden, Christen und Muslim Homosexuelle unmoralische Kreaturen.

Das lässt vermuten, die Sache mit der Moral kommt immer dann ins Spiel, wenn einem die Argumente ausgehen. Trotzdem betonen praktisch alle Religionsführer, dass allein der Glaube die Menschen zu moralischen Wesen machen würde.

Die Wissenschaft ist mittlerweile ganz anderer Ansicht. Vor einigen Jahren haben Verhaltensbiologen beobachtet, dass Vampirfledermäuse ihre Nahrung – das Blut von Rindern – mit ihren hungrigen Artgenossen teilen, indem sie es wieder hervorwürgen. Interessanterweise tun sie das aber nur bei denen, die ihnen vorher ebenfalls etwas abgegeben haben. Diejenigen Tiere, die fair teilen, verhungern nicht. Die Unfairen dagegen bleiben blutleer auf der Strecke. Da man nicht davon ausgehen kann, dass die kleinen Blutsauger irgendeiner Art von Religion angehören, bleibt nur eine einzige Schlussfolgerung: Fairness und Moral sind eindeutig biologisch und ganz und gar nicht religiös angelegt.

Ist das nicht unglaublich? Ein kleines, unscheinbares Fledertier befolgt intuitiv genau dieselbe Regel, über die sich Immanuel Kant in der Epoche der Aufklärung zwanzig Jahre lang den Kopf zerbrochen hat, den kategorischen Imperativ: «Handle so, dass die Maxime deines Willens jederzeit zugleich als Prinzip einer allgemeinen Gesetzgebung gelten könne.» Oder etwas verständlicher für unsere gefiederten Freunde: «Was du nicht willst, das man dir tu, das füg auch keinem andren zu.» Genauso wenig wie die Fledermaus benötigte Kant irgendeine Art von Glauben, um faires, moralisches Verhalten zu erklären.

Beide bewiesen auf unterschiedliche Art und Weise, dass es ein großer Irrtum ist zu glauben, wir bräuchten ein religiöses Wertesystem, um gute Menschen zu sein. Das ist wahrscheinlich auch der Grund, weshalb Vampire und Aufklärer gleichermaßen von der Kirche verfolgt wurden.

Anscheinend gibt es in uns ein tiefverwurzeltes Gefühl für Gerechtigkeit (Ausnahmen bestätigen die Regel). Ich muss weder das Grundgesetz noch die Bibel oder den Koran gelesen haben, muss nicht an Gott, an Buddha oder Mohammed glauben, um zu wissen, dass Mord, Diebstahl oder Ehebruch ein Verbrechen ist.

Glaubt man Evolutionsbiologen, so entsteht moralisches Verhalten ganz automatisch immer dann, wenn Lebewesen in einem engen sozialen Gefüge leben, in dem sie voneinander abhängig sind. Fehlt dagegen dieses Gefüge, gibt es auch keinen Grund, besonders fair miteinander umzugehen. Wer einmal einen FDP-Parteitag besucht hat, weiß, was gemeint ist. Deswegen schubsen Pinguine auch ihre eigenen Kollegen ins Wasser, um zu testen, ob im Wasser Seelöwen lauern. Gottesanbeterinnen fressen die Männchen sogar während der Paarung auf. Eine Praktik, die selbst hartgesottene Feministinnen nicht gutheißen.

Auch Neurowissenschaftler beschäftigen sich in letzter Zeit mehr und mehr mit dem Thema Moral. Marc Hauser und Antonio Damasio von der University of Southern California in Los Angeles erforschen seit Jahren, ob die Moral einen festen Platz in unserem Denkorgan hat. Dazu haben sie Menschen mit Schäden in einer bestimmten Region des Gehirns, dem Stirnlappen, untersucht. Diese sollten sich zu einer ganzen Reihe von Dilemmas äußern. Erste Auswertungen legen nahe: In einigen Fällen haben hirnverletzte Patienten tatsächlich einen anderen Moralinstinkt. So zögern sie nicht, einen Mann vor einen Zug zu stoßen, um fünf Gleisarbeiter zu retten. Sie sehen nur den guten Zweck, nicht aber das schreckliche Mittel. Doch Vorsicht. Der Umkehrschluss gilt natürlich nicht. Nicht jeder rücksichtslose Mensch hat automatisch auch einen Dachschaden. Sonst wären die Psychiatrien voll mit Scheidungsanwälten, Hedge-Fonds-Managern und Zahnarztgattinnen.

Die Untersuchungen der unterschiedlichsten Forschergruppen zeigen eindeutig: Überall auf der Welt, in allen Kulturen, teilen Menschen die gleichen Werte wie Fairness, Verantwortung oder Dankbarkeit. Das menschliche Gewissen braucht also keinen ethischen, geschweige denn religiösen Überbau. Würde die Religion die Menschen besser machen, so wie viele Gläubige überzeugt sind, dann müsste es logischerweise in tiefreligiösen

Gesellschaften weniger Verbrechen geben. Häufig ist jedoch das Gegenteil der Fall: Immer da, wo Religionen stark vertreten sind, ist es mit Demokratie und Menschenrechten nicht zum Besten bestellt. Denn gerade sind es oft die tiefgläubigen Menschen, die etwas zu viel Moral haben. In dem Falle nennt man das dann «Doppelmoral».

Insofern haben die üblichen religiösen Begründungen beispielsweise für eine strenge Sexualmoral weniger etwas mit echten humanitären Werten zu tun, sondern einzig und alleine mit Machtfragen. Gehirnforscher haben sogar festgestellt, dass Moralprediger wie alle Menschen, die bestrafen dürfen, dabei Glücksgefühle entwickeln. Wer andere zurechtweist oder sie für unpassendes Verhalten bestraft, fühlt sich währenddessen besonders gut.

Und die Moral von der Geschichte? Beim Abendmahl trinken die Gläubigen das Blut Christi, die Vampire jedoch geben es weiter. Wer ist christlicher?

↘ NACH HAUSE TELEFONIEREN ...

Am 5. August 1977 zeichnete ein Computer am «Big Ear»-Radioteleskop der Ohio State University ein außergewöhnliches Signal auf. Der Astrophysiker Jerry R. Ehman erkannte darin ein sehr starkes, schmalbandiges Radiosignal. Er war so beeindruckt, dass er das Wörtchen WOW! an den Rand des Ausdruckes kritzelte. Dieses Wow-Signal kann nicht mit natürlichen Ursachen erklärt werden, blieb allerdings bis heute auch das einzige seiner Art. Seither suchen Forscher unter dem Oberbegriff SETI (Search for Extraterrestrial Intelligence) systematisch nach Funksignalen von Außerirdischen. Erst 2007 wurden in einem 50 Millionen Dollar teuren Projekt 42 Radioteleskope in den Himmel gerichtet, um nach E.T. zu lauschen. Das setzt allerdings voraus, dass der unsere Frequenz kennt und auch mit uns kommunizieren will – und nicht nur nach Hause telefonieren!

Gibt es fremdes Leben? In Regionen, in die die menschliche Zivilisation bisher noch nie vorgedrungen ist? Keine Angst, es geht hier nicht um meine Tournee durch die Uckermark, sondern um einen Planeten, der im April 2007 von europäischen Astronomen entdeckt wurde.

Die wissenschaftliche Welt steht kopf, denn offenbar handelt es sich bei diesem Gesteinsbrocken um das erste Objekt, auf dem die gleichen Bedingungen existieren wie auf der Erde: ähnliche Größe, ähnliche Durchschnittstemperatur, eventuell herrscht da sogar eine 35-Stunden-Woche. Deshalb besteht eine gewisse Wahrscheinlichkeit, dass sich dort Leben entwickelt hat. Vielleicht sogar intelligentes. Genau das wird leider auch die größte Schwierigkeit bei der Kontaktaufnahme sein. Zumal der Planet ja auch stramme 20,5 Lichtjahre von der Erde entfernt ist. Das bedeutet also, dass eine mögliche intelligente Lebensform auf diesem Planeten das Licht empfängt, das uns 1987 auf der Erde verlassen hat. Können Sie sich noch an diese Zeit erinnern? Damals trugen wir pinkfarbene Leggings, Netzhemden und Vokuhila-Frisuren. Keine einigermaßen geistreiche Kultur käme auf die Idee, Kontakt mit solchen Kreaturen aufzunehmen …

Wenn es sich tatsächlich um intelligente Lebensformen handelt, dann halten sie vermutlich einfach die Klappe. 1973 überraschte der Radioastronom John Ball die Fachwelt mit seiner Zoo-Hypothese: «Hochentwickelte Außerirdische hätten das Sonnensystem als Naturpark abgezäunt, in dem wir für uns leben dürfen, so wie die Seehunde im Naturpark Wattenmeer ihre Ruhe haben.» Vielleicht sind wir also nur ein obskurer Eintrag in ihrer Systematik der bewohnten galaktischen Regionen.

Möglicherweise sind die einzigen außerirdischen Lebensformen da oben aber auch nur ein paar Einzeller. Dann werden wir sie mit ziemlicher Sicherheit bei anstehenden Immobiliengeschäften locker über den Tisch ziehen können. Andererseits bringt uns unsere geistige Überlegenheit absolut nichts, wenn es sich bei den Bewohnern um parasitäre Mikroorganismen handelt. Die sind zwar strohdoof, aber nicht ungefährlich. Selbst der medizinische Laie weiß: Aus der Sicht von Bakterien und Viren ist die Gesundheit des Menschen eine ganz hässliche Krankheit.

Vielleicht ist es aber auch umgekehrt, und die Bewohner des neuen Planeten sind uns intellektuell so haushoch überlegen wie wir der gemeinen Hausstaubmilbe. Dann würden wir bei den Aliens möglicherweise lästige Allergien auslösen und mit Nasensprays und Bachblüten bekämpft werden. Kein sehr glamouröser Gedanke.

Selbst wenn die Mission keinerlei Hinweis auf außerirdisches Leben liefert, sollten wir nicht zu enttäuscht sein. Denn die Wahrscheinlichkeit, dass es da draußen jemanden gibt, ist extrem hoch. 1961 versuchte der US-Astronom Frank Drake, die Zahl der extraterrestrischen Zivilisationen abzuschätzen. Folgt man physikalischen und biologischen Gesetzen, könnte es bis zu 500 000 fremde Zivilisationen im All geben! In der Tat fällt es sehr schwer zu glauben, dass das Universum lediglich den Schauplatz für eine Spezies darstellt, die ihr vergrößertes Gehirn dazu benutzt, um Geschirrspültabletten mit drei Aktiv-zonen und einem Powerball zu produzieren.

Das größte Rätsel unseres Universums ist allerdings nicht, ob es irgendwo noch weiteres Leben gibt und wie es genau aussieht, sondern vielmehr, dass es *überhaupt* Leben gibt. Warum machen sich unzählige Atome die Mühe, Amöben, Meerschweinchen oder Toni Marshall zu erschaffen?

Seit einigen Jahren wissen Molekularbiologen, dass sich die Menschen von ihrem genetischen Material her nur um einen winzigen Bruchteil voneinander unterscheiden. Auf der Stufe der genetischen Moleküle gibt es praktisch keine Unterschiede zwischen mir, meinem Nachbarn, einem Afrikaner oder Dieter Bohlen. Gerade Frauen haben das schon lange intuitiv erkannt. Der Spruch «Kennste einen, kennste alle!» ist molekularbiolo-gisch vollkommen korrekt.

Auch wenn das einigen von uns nicht passt, aber auf der Stufe der Atome und Moleküle ist der Mensch nichts Besonde-res. Der erste Wissenschaftler, der das erkannte, war der Phy-siker Erwin Schrödinger. Der österreichische Nobelpreisträger fragte sich in den vierziger Jahren: Was unterscheidet eigentlich die Menge an Atomen, die mich als Lebewesen ausmacht, von der gleichen Atommenge, wenn sie irgendwo rumliegt? Von der chemischen Zusammensetzung her sind wir ziemlich unspek-takulär. Kohlenstoff, Wasserstoff, ein bisschen Sauerstoff und Stickstoff. Eine Messerspitze Calcium, eine Prise Schwefel – im Prinzip alles Elemente, die man für ein paar Euro in jeder Apotheke bekommt. Was also macht Leben aus? Schrödingers Antwort: Struktur. Damit es uns gibt, müssen sich Trillionen von Atomen auf eine ganz spezifische, hochkomplizierte Art und Weise zusammensetzen. Und das ist extrem bemerkens-wert, weil Atome normalerweise genau das Gegenteil machen.

Wenn Sie achtzig Kilo Atome in einem Raum herumliegen haben, dann formen die sich nicht zu einem Menschen, sondern sie verteilen sich am liebsten möglichst ungeordnet in diesem Raum. In der Physik sagt man dazu: Ein System strebt immer den Zustand der größten Entropie an. Entropie ist ein Begriff aus der Thermodynamik und bedeutet so viel wie «Maß für die Unordnung». Wenn Sie zum Beispiel eine Schüssel mit roten und weißen Kugeln durchschütteln, wird es garantiert nie passieren, dass alle roten links und alle weißen rechts liegen. Im Gegenteil. In der Regel werden die Kugeln vollkommen durchmischt sein. Im Umkehrschluss bedeutet die Sache mit der Entropie, dass man eine gewisse Ordnung immer nur dann erzeugen kann, wenn man von außen Energie reinsteckt. Das gilt für Ihren Schreibtisch genauso wie für das Phänomen des Lebens. Denn Leben ist nichts anderes als Energie und Struktur. Sogar extrem hochwertige Struktur. Das menschliche Gehirn ist das vielleicht geordnetste System in unserem Universum. Ich weiß, bei einigen kann man sich das nur schwer vorstellen.

Oder aber sie sind schon längst unter uns. Und leben inkognito. So wie E.T. oder Alf. In geschlossenen Schränken, geschlossenen Garagen oder geschlossenen Psychiatrien. Warum aber erkennen wir sie dann nicht? Weil der Schlüssel zu allen möglichen Lebensformen der Kohlenstoff ist. Denn nur Kohlenstoff ist in der Lage, mit praktisch jedem anderen Element Verbindungen einzugehen und somit komplexe Strukturen wie zum Beispiel Zellen aufzubauen. Der Kohlenstoff kann mit jedem, ist also quasi der Thomas Gottschalk unter den Elementen.

Die einzige Basis, auf der intelligentes Leben mit derart komplexen Strukturen theoretisch außerdem entstehen könnte, wäre Silizium. Allerdings hätten Lebensformen aus diesem Element einen entscheidenden Nachteil: Da komplexe Siliziumverbindungen nur bei tiefen Temperaturen möglich sind, würden sämtliche chemische Prozesse extrem langsam ablaufen. Wenn zum Beispiel ein balzbereites Kohlenstoff-Männchen ein attraktives Kohlenstoff-Weibchen auf der anderen Straßenseite sieht, denkt es sich in Sekundenbruchteilen: WOW! Beim Silizium-Männchen würde der gleiche Vorgang Milliarden Jahre dauern. Bis es da zu körperlichen Annäherungen käme, wäre das gesamte Universum schon hinüber. Aus diesem Grund sind Silizium-Organismen praktisch nicht lebensfähig. Einzige Ausnahme: der frühere SPD-Vorsitzende Rudolf Scharping.

Somit wären auch Aliens mit hoher Wahrscheinlichkeit ebenfalls aus Kohlenstoff aufgebaut. Oder wie der Astrophysiker Harald Lesch es ausdrückte: «Der Außerirdische ist auch nur ein Mensch!»

↘ BAMBI, DAS KILLERREH

Im Jahre 2007 bestätigte eine Emnid-Studie, was wir alle schon intuitiv wussten: Kein Volk der Welt blickt so pessimistisch in die Zukunft wie wir Deutschen. Selbst bei uns Komikern. Ein Kollege von mir war letzte Woche beim medizinischen Routine-Check. Nach der Untersuchung blickte ihn der Arzt besorgt an und sagte: «Tut mir leid, mein Lieber, aber Sie haben nur noch etwa ein Jahr zu leben.» Worauf mein Kollege erwiderte: «Ja, aber von was denn, bitte schön …?» So sind wir Deutschen: immer am Jammern.

Deswegen nehmen Stresserkrankungen wie Tinnitus auch zu.

Einer meiner Bekannten hat ein so lautes Ohrgeräusch, dass sich sogar schon die Nachbarn beschwert haben.

Einer persönlichen Umfrage zufolge sind die beliebtesten Hobbys in meinem Bekanntenkreis «Schwarzsehen» und «den Teufel an die Wand malen». Unsere europäischen Nachbarn sind da tendenziell lockerer. Das merkt man schon an den englischen oder französischen Begriffen, die sich bei uns durchgesetzt haben: Crème de la crème, Laisser-faire, Happy End. Und welche deutschen Worte kennt man im Ausland? Weltschmerz, Blitzkrieg, Kindergarten.

Angst ist einer der wenigen wirklichen Wachstumsmärkte in unserem Land. Ich selbst bin da keine Ausnahme. Neulich erst habe ich mit Schrecken realisiert, dass ich sogar im Autokino den Sicherheitsgurt angelassen habe.

Wir fürchten uns vor Globalisierung, Klimawandel, Elektrosmog oder Gentomaten. So eine Stimmung vor 500 000 Jahren, und die Sache mit dem Feuer wäre nie genehmigt worden.

Können Sie sich noch an die Vogelgrippe erinnern? Ein Land im Ausnahmezustand. Die Staatsoperette Dresden musste sogar den «Vogelhändler» vom Spielplan nehmen. Irgendwann rief mich mitten in der Nacht eine gute Bekannte an: «Vince, ich habe Krähenfüße – muss ich jetzt sterben?» Müde und genervt antwortete ich: «Nein. Es sei denn, du hast auch noch Hühneraugen.» In der Hochphase von BSE war die Panik sogar so groß, dass sich deutsche Rinder als Pferde verkleidet haben.

Das Wort «Panik» leitet sich übrigens von *Pan* ab, ein griechischer Wald- und Wiesengott, der nur Sex im Kopf hatte und aufgrund seines Aussehens – halb Tier, halb Mensch – in der Damenwelt Panik ausgelöst hat (außerdem hat er die Panflöte erfunden, die in deutschen Fußgängerzonen auch heute noch regelmäßig zu extremer Panik führt).

Interessant ist, was bei einer Panikattacke im Gehirn abläuft. Der Mandelkern – das ist ein Bereich, der für unsere Emotionen zuständig ist – übernimmt komplett die Kontrolle und schüttet ohne Ende Stresshormone aus. Das Kleinhirn stellt seine Aktivität ein, die Großhirnrinde wird ausgeklammert. Durch Angst und Panik wird also das klare Denken buchstäblich gelähmt. Früher in der Steinzeit war das immens wichtig. Wenn der Säbelzahntiger plötzlich vor uns stand, half nur eins: Nicht lange denken – flüchten!

Seit Jahrmillionen ist unser Wahrnehmungsapparat auf Gefahren eingestellt, die exotisch, unberechenbar und hochdramatisch sind. Und heute: Von Säbelzahntigern geht keine Gefahr mehr aus, aber unser Körper wirft die gleiche Panik-Maschinerie beim Anblick von Versicherungsvertretern und Gebrauchtwagenhändlern in Gang.

Ein Bekannter von mir ist ein totaler Sicherheitsfreak: siebzehn Firewalls und Antivirenprogramme hat er auf seinem Rechner, eine riesige Alarmanlage in der Wohnung, ist versichert bis unter die Hutschnur. Und irgendwann war seine Bude leer geräumt; die Konten waren geplündert. Von der eigenen Frau.

Die Psychologie bezeichnet dieses Phänomen als «kognitive Dissonanz». Je näher die Gefahr an einem dran ist, desto stärker ignoriert man sie. Eine typische Verhaltensweise, die jeder kennt. Vati kloppt sich jeden Tag zwei Päckchen Reval ohne Filter in die Lunge, und bei einem Hustenanfall röchelt er: «Der blöde Feinstaub!»

Irgendwie ist das alles paradox. Obwohl wir heute sicherer, gesünder und länger leben als jemals zuvor in der Geschichte, sind die meisten Deutschen fest davon überzeugt, das Leben sei alles in allem viel gefährlicher als früher. Der größte Teil unserer Sorgen besteht aus unbegründeter Furcht. Wussten Sie, dass man sich in diesem Land sogar dagegen versichern lassen kann, dass einem eine Schildkröte den Schädel zertrümmert, die ein Adler hat fallen lassen?

Interessanterweise kommen jedoch in Deutschland die wenigsten Menschen durch herabfallende Schildkröten oder Rinderwahnsinn ums Leben, sondern durch viel banalere Sachen. Welches Tier, glauben Sie, verursacht die meisten ernsthaften Verletzungen und Todesfälle? Kampfhunde? Killerbienen? Problembären? Nein! Das Rehkitz. Pro Jahr werden über 30 Autofahrer durch Wildwechsel getötet. Lassen Sie sich von diesen unschuldigen Rehaugen nicht täuschen: Bambi ist ein heimtückischer Killer!

Was die Einschätzung und Bekämpfung von Risiken angeht, herrscht bei den meisten Menschen ein katastrophales Grundwissen. Als ich neulich meinem Nachbarn erklärte: «Vier von zehn Unfällen werden durch Trunkenheit am Steuer verursacht», meinte er: «Dann sind die Nüchternen doch viel gefährlicher!»

Bis heute wurden über 20 000 Studien über die Gefahren von Handystrahlen in Auftrag gegeben, aber noch keine einzige, die sich damit beschäftigt, wie viele Menschen durch Handys gerettet worden sind. Das ist absurd. Wenn man das Risiko eines Produktes richtig bewerten will, dann muss man doch auch das Risiko mit einbeziehen, das entsteht, wenn man das Produkt nicht auf den Markt bringt. Ist es humaner, ein Medikament, das tausend Menschen das Leben retten kann, zu verbieten, weil es bei zehn eine Allergie auslöst?

Mittlerweile werden sogar Gesetze damit begründet, dass irgendwer Angst vor irgendwas hat. Doch ob diese Angst überhaupt berechtigt ist, danach fragt keiner. Bisher wurden zwei

Milliarden Euro für eine nachweislich sinnlose BSE-Prophylaxe ausgegeben, obwohl man mit dem gleichen Betrag in der Unfallchirurgie Hunderte von Patienten hätte retten können.

Dennoch werden Menschen, die sich die Mühe machen, Gefahren und Risiken rational zu bewerten, oft als herzlos und eiskalt dargestellt. Es gibt heutzutage die Unsitte, von «gefühlter» Bedrohung zu sprechen. «Die gefühlte Inflationsrate lag bei vier Prozent.» Gefühle können sicherlich mächtig sein, aber sie beherrschen definitiv nicht die Prozentrechnung. Wenn Sie das nächste Mal mit siebzig Sachen in der Stadt angehalten werden, dann versuchen Sie, dem Polizisten einfach mal zu erklären: «… aber meine *gefühlte* Geschwindigkeit lag doch nur bei 50 km/h!»

Ein Großteil unserer Ängste wird von den Journalisten noch zusätzlich verstärkt. Von Menschen, die in der Regel literweise Kaffee trinken, zu viel rauchen und sich nicht bewegen. Kein Wunder, dass die meisten Meldungen in Deutschland so depressiv sind. Gerade weil es so selten geschieht, bringen uns die Medien jedes Flugzeug-, Bahn- oder Chemieunglück en détail ins heimische Wohnzimmer. Spektakuläre Einzelereignisse flimmern wochenlang über die Mattscheibe und erwecken fälschlicherweise den Eindruck, unser Leben wird immer unsicherer. Bei den alten Griechen wurden die Überbringer von schlechten Nachrichten geköpft, in Deutschland werden sie Chefredakteure.

Letztes Jahr titelte die BILD-Zeitung: «Schwimmflügel jetzt krebserregend!» Und es wurde *wirklich* darüber diskutiert. Zwei Wochen lang war es für Kinder praktisch gesünder, zu ertrinken.

Die große Ironie in der heutigen Zeit ist, dass wir uns viel mehr vor Risiken fürchten, die extrem unwahrscheinlich sind, als vor den wirklichen Gefahren des Lebens. Und die sind zum großen Teil selbst verursacht: Rauchen, Saufen und Autofahren. Dadurch kommen die meisten Menschen in Deutschland ums Leben. Wenn Sie zehn Kilometer mit dem Auto fahren, setzen Sie sich dem gleichen Risiko aus wie bei einem Flug von Frankfurt nach New York. Sind Sie also mit dem Taxi zum Flughafen gefahren und gut angekommen, sollten Sie sich freuen – denn dann haben Sie schon die halbe Miete.

Seit ich das kapiert habe, beunruhigen mich die ganzen Katastrophenmeldungen auch nicht mehr. Denn ich weiß: Alleine die Tatsache, dass ich nicht rauche, wenig Alkohol trinke und öfters mit der Bahn fahre, treibt meinen Lebensversicherer zur Weißglut.

Ob uns das gefällt oder nicht, es gibt leider kein Nullrisiko. Der Ankylosaurus hatte keine natürlichen Feinde, weil er am gesamten Körper perfekt gepanzert war – ausgestorben ist er trotzdem.

Deswegen mein Tipp: Bekämpfen Sie Ihre Ängste. Aus der Verhaltenstherapie weiß man, dass es nie die Situation selbst ist, die einem Angst macht, sondern immer nur die Bewertung der Situation. Sollten Sie also irgendwann mal aus einem Hochhaus stürzen, denken Sie daran.

Gehen Sie stattdessen einfach ganz bewusst Risiken ein. Es muss ja nichts Großes sein. Wenn Sie im Supermarkt Äpfel abwiegen, drücken Sie ganz keck auf «Banane». Mal was Verrücktes tun! Geben Sie Ihre Joghurtgläser ungespült ab. Oder putzen Sie Ihre Zähne morgens mit Elmex und abends mit Aronal. Das ist es, was Deutschland weiterbringt.

↘ GLAUBST DU NOCH, ODER DENKST DU SCHON?

Jedes Mal, wenn ich in einem Hotel übernachte, habe ich ein kleines Ritual. Ich schreibe in die im Zimmer ausliegende Hotelbibel einen intelligenten, kirchenkritischen Spruch. Sollten Sie zufälligerweise in einem Landgasthof in Ostwestfalen das Neue Testament zur Hand nehmen und auf der ersten Seite den Satz lesen: «Religionen sind Schuldgefühle mit unterschiedlichen Feiertagen», dann wissen Sie, der Odenwälder Antichrist Vince Ebert war da.

Dabei hatte ich ideale familiäre Voraussetzungen für ein tiefreligiöses Leben. Meine Oma hieß nämlich mit Vornamen Maria und ihr Mann, mein Opa, Josef. Und ob Sie es glauben oder nicht, am 24. Dezember 1941 haben sie tatsächlich einen Sohn bekommen. Und sie nannten ihn folgerichtig: HERBERT (damit es nicht so auffiel).

Aber bei meinen Freunden war ich der King. Viele fragten mich: «Vince, wie ist so ein Erlöser eigentlich privat? Bringt der auch mal den Müll runter? Macht der seinen Wein immer noch selbst?» Auch Heiligabend lief bei uns zu Hause anders als bei allen anderen ab. Die Freunde meines Vaters kamen vorbei und gratulierten. Das Haus war den ganzen Tag voll, und der Großteil meiner Familie war es gegen Abend auch. In die Christmette ging dann natürlich keiner mehr. Wozu auch, wenn der Chef persönlich zu Hause laut singend vor der Krippe liegt.

Unabhängig davon stellt sich die Frage: Gibt es so etwas wie eine höhere Macht? Schwer zu sagen. Selbst Woody Allen war der Meinung: «Ich glaube zwar nicht an ein Leben nach dem Tod, aber ich habe trotzdem immer Wäsche zum Wechseln dabei.»

80 Prozent der Weltbevölkerung sind sich dagegen einig: «Danach» kommt auf JEDEN Fall noch etwas. Selbst extrem rationale Menschen wie die Statistiker. Deswegen wollen viele von denen auch in Jerusalem begraben werden. Weil dort die Auferstehungswahrscheinlichkeit angeblich am größten ist. Oder wahlweise auf dem Wiener Zentralfriedhof. Dort gibt es eine «Kurzparkzone». Wissen die etwa mehr?

Bei Naturwissenschaftlern allerdings sieht die Sache etwas anders aus. 1998 schrieb die Fachzeitschrift *Nature*, dass lediglich 40 Prozent der amerikanischen Naturwissenschaftler an irgendein übernatürliches Wesen glauben. Bei den amerikanischen Spitzen-Wissenschaftlern sank die Rate sogar dramatisch auf sieben Prozent. Die durchaus interessante Frage, was Gott von den Wissenschaftlern hält, wurde leider nicht untersucht. Der Antwortbogen kam nicht zurück.

Der Grund, wieso Naturwissenschaftler oft nicht an Gott glauben, ist nicht, weil sie Erkenntnisse ignorieren, sondern weil sie sehr viel fundiertes Wissen angesammelt haben. Wenn man in etwa weiß, wie das Universum aufgebaut ist oder wie Atome funktionieren, ist es praktisch unmöglich, an traditionelle Gottesbilder zu glauben. Der Nobelpreisträger Steven Weinberg sagte dazu: «Der Verdienst der Naturwissenschaft besteht nicht darin, dass sie es den Menschen unmöglich macht, gläubig zu sein, sondern dass sie es ihnen möglich macht, ungläubig zu sein.»

Natürlich muss man fairerweise zugeben, dass uns zunächst einmal gar nichts anderes übrigbleibt, als zu glauben. Ob Physiker, Erzbischof oder Schamane – wir alle sind gezwungen, uns ein Weltbild zu machen, das über unser eigenes Wissen hinausgeht. Die meisten Dinge, die wir wissen, glauben wir nur zu wissen. Natürlich weiß ich nicht wirklich, ob es tatsächlich

121 DENKEN ODER FÜHLEN

schwarze Löcher gibt. Oder Bielefeld. Ich glaube, dass das Universum mit dem Urknall entstanden ist. Aber im Gegensatz zu Glaubenssystemen kann sich der Wissenschaftler profundes Wissen aneignen, um es herauszufinden.

Wissenschaft ist der Versuch, bei der Erklärung der Natur ohne die Inanspruchnahme von Wundern auszukommen. Religionen dagegen *benötigen* Wunder, um ihre Existenz zu rechtfertigen. Statistisch gesehen sind Wunder allerdings extrem unwahrscheinlich. Ein Dilemma, das auch den Kirchen bewusst ist. Daher gab es im Laufe der Religionsgeschichte immer wieder große Bestrebungen, intelligente und schlüssige Testverfahren zu entwickeln. Denken Sie nur an die Beweisführung von Hexenprozessen: Die verdächtige Person wurde an Armen und Beinen zusammengebunden und in einen Fluss geworfen. Blieb sie an der Oberfläche, war sie eine Hexe und wurde danach verbrannt. Ging sie unter, war sie unschuldig und ist ertrunken. Aus der Sicht der Kirche eine klassische Win-win-Strategie, die noch vor 300 Jahren in Europa zehntausendfach mit großem Erfolg durchgeführt wurde. Das ist im Übrigen auch der Grund, weshalb es in der heutigen Zeit praktisch keine Hexen mehr gibt: weil uns die heilige Inquisition die Welt sozusagen besenrein übergeben hat.

Wissenschaftliche Systeme basieren auf der Suche nach dem Zweifel, Glaubenssysteme dagegen basieren auf dem Zweifelsverzicht. Denn die Aussage «Es gibt einen Gott» ist weder beweisbar noch widerlegbar. Das bedeutet freilich nicht, dass sie zwangsläufig falsch ist. Aber wenn ich eine Aussage nicht überprüfen kann, habe ich auch keine Chance herauszufinden, ob ich einer Täuschung oder einer Lüge aufsitze. Der Philosoph Bertrand Russell wurde einmal gefragt, was er tun würde, wenn er nach seinem Tod Gott gegenüberstünde und erklären müsste, warum er nicht an ihn geglaubt habe. Russell dachte kurz nach und sagte dann den legendären Satz: «Ich würde antworten: Keine ausreichenden Anhaltspunkte, Gott. Keine ausreichenden Anhaltspunkte …»

Andererseits hat eine ganze Fülle von Studien gezeigt, dass fromme Menschen länger leben (außer vielleicht, Sie sind Christ in Afghanistan). Gläubige Menschen erleiden weniger häufig Schlaganfälle und Herzinfarkte, haben ein besseres Immunsystem und einen niedrigeren Blutdruck als die Durchschnittsbevölkerung. Das bedeutet, dass Atheismus praktisch genauso gesundheitsschädlich ist wie Rauchen und Saufen.

Der Rostocker Altersforscher Marc Luy fand sogar heraus, dass katholische Mönche fast fünf Jahre älter werden als ihre Geschlechtsgenossen außerhalb der Klostermauern und somit fast die Lebenserwartung von Frauen erreichen. Was natürlich auch an ihrem grundsätzlich gesünderen Lebenswandel liegen könnte. Mönche verschwenden keine übermäßige Energie bei der Partnerwerbung, haben weniger Stress auf der Arbeit und leiden relativ selten an Geschlechtskrankheiten.

Bei der großen Frage nach der Existenz von Gott hilft einem dieser Sachverhalt natürlich auch nicht viel weiter. Die Tatsache, dass ein gläubiger Mensch eventuell glücklicher ist als ein Skeptiker, trägt zur Sache nicht mehr bei als die Tatsache, dass ein betrunkener Mensch glücklicher ist als ein nüchterner.

Doch die Verlockungen des Wunderbaren beeinträchtigen unsere Kritikfähigkeit. Praktisch alles, was gläubige Menschen als angebliche Belege für persönliche Gotteserfahrungen anführen, kann mittlerweile sehr schlüssig durch neurologische Prozesse erklärt werden. Hirnforscher fanden heraus, dass eine elektrische Stimulation bestimmter Gehirnareale bei vielen Menschen traumhafte Halluzinationen, Gefühle der Körperlosigkeit, Déjà-

Wetten, dass das Licht ausgeht, wenn Sie das Buch schließen?

vu-Erlebnisse und Sinnestäuschungen verursachen. Genau so, wie sie auch während spiritueller Zustände beobachtet wurden. Epileptiker, bei denen die Anfälle sich im sogenannten Temporal- oder Schläfenlappen des Gehirns abspielen, berichten ebenfalls oft von spirituellen Visionen. Einige Forscher gehen sogar so weit, bei den größten Mystikern der Geschichte posthum epileptische Anfälle zu diagnostizieren. So wird beispielsweise behauptet, der Prophet Mohammed, der Stimmen hörte, Visionen sah und bei seinen mystischen Episoden reichlich schwitzte, habe möglicherweise unter komplexer fokaler Epilepsie gelitten. Auch die Bekehrung des eifrigen Christen-Verfolgers Saulus zu einem Apostel, der sich fortan Paulus nannte, könnte mit einem epileptischen Anfall verbunden gewesen sein.

Sind also die Weltreligionen nur aufgrund eines Krampfleidens entstanden? Vielleicht hätten sich der Islam und das Christentum überhaupt nicht durchgesetzt, hätte es damals schon Medikamente wie Valproat oder Carbamazepin gegeben. Wer weiß.

Auf jeden Fall hat die Bedeutung, die ein Mensch seinem Glauben beimisst, in hohem Maße mit seiner Hirnaktivität zu tun. Bei tibetanischen Mönchen, die zum Meditieren in einen Computertomographen geschickt wurden, fand man heraus, dass sich während der Meditation die neuronale Aktivität in einem Hirnareal verringert, das normalerweise für das räumliche Orientierungsvermögen zuständig ist. Der meditierende Mensch verliert also den Kontakt zu seinem eigenen Körper und fühlt sich von Raum und Zeit losgelöst.

Auch der Glaube an paranormale Phänomene wie Telepathie oder Telekinese hängt u. a. mit einer relativen Überaktivierung der rechten Hirnhälfte zusammen. Dadurch werden selbst die banalsten Zufälle mit einem tieferen Sinn versehen.

Mir fielen schon sehr früh die zahlreichen Widersprüche der christlichen Lehre auf. Bei meiner Firmung wollte ich von unserem Pfarrer zum Beispiel wissen: «Was hat Gott eigentlich gemacht, bevor er die Welt erschaffen hat?» Darauf schaute er mir tief in die Augen und antwortete: «Er hat die Hölle vorbereitet für Menschen, die so komplizierte Fragen stellen!»

Solcherlei unbefriedigende Erklärungsansätze sind sicherlich auch der Grund, weshalb die Gläubigen den Amtskirchen in Scharen davonrennen. Bei einer Umfrage nach der Glaubwürdigkeit von deutschen Institutionen liegt die katholische Kirche weit abgeschlagen hinter dem ADAC. Das kann man durchaus nachvollziehen. Von den *Gelben* Engeln hat man wenigstens die Telefonnummer.

Offenbar hat die Kirche ein klassisches Marketingproblem. Der Spruch «Wir halten den Himmel offen» klingt zwar sehr gut. Er stammt aber leider nicht vom Papst, sondern von der Lufthansa. Und was soll ich von einem Unternehmen halten, in dem selbst der Konzern-Vize seinen Chef kein einziges Mal zu Gesicht bekommt? Noch nicht mal bei der Weihnachtsfeier! Und das Bodenpersonal? Ist orientierungslos und verstrickt sich permanent in Widersprüche. Ich habe nie verstanden, weshalb katholische Pfarrer von jedem «Vater» genannt werden, außer von den eigenen Kindern. Die nennen ihn «Onkel».

Neulich klingelte es in aller Herrgottsfrühe bei mir zu Hause. Schlaftrunken wandelte ich zur Haustüre, öffnete sie und blickte geradewegs in zwei geistig entrückte Gesichter. «Guten Morgen, Herr Ebert. Wir möchten gerne mit Ihnen über Gott sprechen, denn das Ende ist nahe!» Matt antwortete ich: «Na ja, ein wenig Zeit haben wir ja noch. Schätzungsweise dauert es noch etwa 4,5 Milliarden Jahre, bis die Andromeda-Galaxie mit unserer Milchstraße kollidiert und alles auslöscht. Ist das also ein Grund, mich morgens um sieben aus dem Bett zu holen …?»

Leider sind tiefreligiöse Menschen nicht nur für ihre Gottesfürchtigkeit, sondern auch für ihre bleierne Humorlosigkeit bekannt. Die beiden verzogen leicht irritiert die Mundwinkel und konzentrierten sich auf ihr Kerngeschäft, dem Ignorieren der Realität. «Ihnen muss Schlimmes widerfahren sein, dass Sie sich von Gott abgewandt haben …», sagte nun der eine in salbungsvollem Ton. «Hören Sie sich zum Beispiel doch nur einmal die Musik von Mozart oder Bach an! Ist *das* etwa kein eindeutiger Beweis für die Existenz Gottes?» Nach einigem Hin und Her handelte ich die beiden schließlich auf folgende Aussage herunter: Die Musik von Mozart und Bach beweist weniger die Existenz Gottes; sie beweist in erster Linie die Existenz von Mozart und Bach …

↘ DENK-ÜBUNGEN II.

ERKENNE DICH SELBST

«Denken soll man den Pferden überlassen, die haben die größeren Köpfe» – wem sollte man entsprechend das Fühlen überlassen?

A Den Blauwalen, die haben das größte Herz

B Den Kühen, die haben größere Bäuche und sieben Mägen

C Den Bienen, die haben Fühler

D Auch den Pferden, denn Denken und Fühlen gehört zusammen

WISSEN ODER MEINUNG?

Wir vermuten schnell hinter persönlichem Unglück kosmische Zusammenhänge. Welches Erklärungsmuster trifft am ehesten auf Sie zu?

A Waage und Jungfrau passen einfach nicht zusammen

B Waage und Schokolade passen einfach nicht zusammen

C Das Universum dehnt sich aus, und ich bin Opfer davon

D Gott hat Humor

IQ-TRAINER

Wenn gilt «Nachts ist es kälter als draußen», dann gilt:

A Mach dir halt warme Gedanken

B Fahrenheit, Kelvin oder Celsius? Einheiten, Freunde!

C Tags ist auch nicht immer Sonnenschein

D Auf die Klimakatastrophe ist auch kein Verlass

DENKSPORT

Es gibt Monate mit 30 Tagen, es gibt Monate mit 31 Tagen. Wie viele Monate im Jahr haben 28 Tage? *[Lösung und Auswertung siehe Seite 219]*

129 DENKEN ODER FÜHLEN

III.

DENKEN ALS DIENSTLEISTUNG

↘ Noch vor hundertfünfzig Jahren waren praktisch alle Ärzte davon überzeugt, dass Bahnfahren automatisch zu psychischen Erkrankungen führt. Und seit dem großen Lokführerstreik im Jahr 2007 konnte man es auch endlich nachweisen.

Wer gibt schon gerne Fehler zu? Jede Branche hat ihre eigene Sprache für «dumm gelaufen». Im Physiklabor sagten wir dazu nur: «Uups …». Ein Marketingleiter bezeichnet Fehler einfach als «Second-best-Lösungen». Der Politiker verkündet: «Wir müssen nachbessern!» Und der Handwerker: «Das guckt sich weg!» Schließen sich demnach Grips und Rigips aus?

Machen wir uns nichts vor. Nichtdenken hat sich inzwischen in den verschiedensten Berufsgruppen durchgesetzt. Ein Problem, das in den meisten Firmenstrukturen fast nicht zu vermeiden ist. In jeder Hierarchie neigen Angestellte dazu, bis zu ihrem persönlichen Unfähigkeitsniveau aufzusteigen. Sobald ein Unternehmen erkennt, dass eine Führungsperson ihrer Aufgabe nicht mehr gewachsen ist, wird diese Person nicht mehr befördert. Was zur Folge hat, dass letzten Endes jede verantwortungsvolle Position von jemandem besetzt ist, der ihr nicht so recht gewachsen ist. Viele Topmanager beispielsweise haben mittlerweile so wenig Ahnung von Mathe, dass sie noch nicht mal ordentlich ihre eigenen Bilanzen fälschen können.

Damit müssen wir wohl oder übel alle leben. Aber wie? Wie kommuniziert man erfolgreich mit Werbern, italienischen Kellnern oder Installateuren? Wie wird man nicht verrückt dabei? Warum ist Quantenmechanik leichter zu verstehen als «brutto wie netto»? Wofür wurde das Ballparadies bei IKEA wirklich gebaut? Und hätte Johann Sebastian Bach auch die «Kunst der Fuge» komponiert, wenn polnische Fliesenleger sein Bad gekachelt hätten? Hier sind meine Vermutungen …

↘ NO BENEFIT ON TOP

Als ich 1995 mein Physikstudium abschloss, sah es düster aus in den Forschungsabteilungen der Großkonzerne. Da mir eine Karriere als Taxifahrer einfach zu wenig Perspektiven bot, bewarb ich mich stattdessen bei einigen Unternehmensberatungen als «Consulter». Worin genau die Tätigkeit eines Beraters bestand, wusste ich zu diesem Zeitpunkt zwar noch nicht, aber mir gefiel die Berufsbeschreibung, pardon, Job-Description: «Sie leihen sich die Uhr Ihres Kunden, sagen ihm, wie spät es ist, und kassieren dafür einen Tagessatz von 1500 Euro.»

Zu meiner eigenen Verwunderung bekam ich bereits nach drei Wochen den ersten Job. Rein fachlich hatte ich natürlich ernste Bedenken. Aber mein damaliger Chef beruhigte mich mit den Worten: «Als Physiker verstehen Sie zwar genauso wenig von Beratung wie ein BWL-Absolvent, brauchen dafür aber nur die Hälfte der Zeit.» Das klang einleuchtend. Und so habe ich als Unternehmensberater bei Banken und Versicherungen für einen Tagessatz von 1500 Euro Uhren abgelesen. Warum auch nicht? Schließlich hatte ich zwölf Semester lang dem Staat auf der Tasche gelegen, jetzt wollte ich endlich auch mal was dafür haben.

Trotzdem war ich schon nach kurzer Zeit mit meiner Tätigkeit unzufrieden. Denn als Naturwissenschaftler hat man ja eigentlich gelernt, wenige Worte zu verlieren und sich auf das Wichtigste zu konzentrieren. Bei Unternehmensberatern sind dagegen mitunter ganz andere Fähigkeiten gefragt. Das taktisch wortlose Anstarren zum Beispiel oder das gezielte Weghören: Gerade was diese «Soft Skills» anging, hatte ich doch arge Defizite. Besonders schwer tat ich mich mit der spontanen

Gesprächsführung aus dem geistigen Nichts heraus. Der vielleicht wichtigsten Fähigkeit, um in dieser Branche Karriere zu machen.

Aus naturwissenschaftlicher Sicht ist das allerdings hochinteressant. Schließlich ist die Erzeugung von Energie aus dem vollkommenen Nichts heraus eines der größten, ungelösten Rätsel der Physik.

Vielleicht liegt hier, in der Unternehmensberatung, ja sogar eine schlüssige Erklärung für den Urknall? Das gesamte Universum wäre demnach nicht von Gott erschaffen worden, sondern von einer Unternehmensberatung, die gerade bei ihm im Haus war. Ein revolutionärer Gedanke: Eine Gruppe von Consultants sitzt im himmlischen Konfi, brainstormt vor sich hin, und auf einmal sagt ein Betriebswirt aus dem Nichts heraus: «Die Zukunft steckt in der Fusion. Wir müssen expandieren!» Und: **WWWUUUSCH!!!** – Das Weltall entstand!

Genauso könnte es gewesen sein. Seit Anbeginn des Universums ziehen also die BWLer die Fäden. Hinweise darauf gibt es genug. Oder warum sonst sind so viele Himmelskörper nach Markennamen benannt? Orion, Saturn, Mars … – das nenne ich Product Placement!

Nun war endgültig mein Interesse geweckt. Ich wollte mehr erfahren über die geheimnisvolle Welt hinter den Kulissen der Märkte und Produkte. Deswegen wechselte ich nach zwei Jahren Beratung in die Königsklasse der heißen Luft: ins Marketing!

Ein großes Handelsunternehmen bot mir eine Stelle als Verkäufer von Zahnbürsten und Mundduschen an. Ich weiß, das klingt nicht gerade prickelnd. Aber als man mir den Arbeitsvertrag als «Brand Manager Dental Care» unter die Nase hielt, unterschrieb ich, ohne zu zögern.

Innerhalb weniger Wochen hatte ich mich vollständig in meinem neuen Umfeld eingelebt. Typische Anfängerfehler wie der Satz «Unsere Zahnseide ist der absolute Marktführer» wurden von den Kollegen sofort mit einem Lächeln korrigiert: «Wir sind Top of Mind im Relevant Set.» Denn im Marketing gilt die Philosophie: Sprache wurde deswegen erfunden, um die eigenen Gedanken vor den anderen zu verbergen.

Ich lernte schnell, hatte Erfolg und veränderte auch im Privatleben mehr und mehr meine Sprechweise. Immer öfter ertappte ich mich dabei, dass ich auf Partys Frauen meine Visitenkarte mit den Worten zusteckte: «Darf ich dir ein kleines Response-Element im Zuge einer Go-ahead-Kampagne geben?»

Doch was als harmloses Spiel begann, steigerte sich innerhalb von kürzester Zeit in eine zwanghafte Sucht. Nach einem halben Jahr war ich voll auf Marketing.

Eines Morgens betrat ich ein Fotogeschäft – pardon, natürlich den Point of Sale – und höre mich zu der Store-Assistant-Managerin sagen: «Ich bräuchte zwei, drei Close-ups für meinen Reisepass. Schwarzweiß ist basic, aber Farbe wäre natürlich nice to have. Was die Deadline betrifft, sollten wir uns kurz committen. Am liebsten as soon as possible …»

Zu meiner Überraschung blickte mich die Verkäuferin etwas verstört an und hielt mir, wohl als eine Art Übersprungshandlung, den Katalog mit den Hochzeitsbildern unter die Nase.

Ich ließ mich nicht beirren und startete einen weiteren Versuch: «Hochzeitsbilder im Reisepass? Das ist am Grenzübergang nicht unbedingt der klassische Door-Opener. Natürlich gehe ich von den Produkt-Features her mit Ihnen vollkommen d'accord. Aber was die Tonality und vor allem das Key-Visual betrifft – sorry, aber da penetriert mir ein Hochzeitsbild viel zu viel Emotions in der Target-Group. Da sehe ich beim besten Willen kein Benefit on Top! Denn zum Schluss stehe ich da mit einer riesigen Awareness, aber die Credibility ist am Arsch!»

Die Verkäuferin sah mich an, wurde blass und begann leicht zu hyperventilieren. Ein ganz kritischer Moment. Jetzt hieß es, cool zu bleiben. Um den Pitch nicht auf der Zielgeraden zu verlieren, änderte ich blitzartig die Copy-Strategy und zog meine Second-best-Lösung aus dem Ärmel: Ich ließ ein Hochzeitsbild von mir machen. Mit Weichzeichner und Blumengesteck. Great! Der Etat war gerettet …

Sie sehen also, Marketing in hohen Dosen ist nicht ungefährlich. Glücklicherweise habe ich nach insgesamt fünf Jahren in der freien Wirtschaft den Ausstieg geschafft und fing im Jahr 2000 ein neues Leben als Kabarettist an. Es war natürlich nicht leicht, vom Marketing wegzukommen. Anfangs hatte ich mehrere Rückfälle. Einmal benutzte ich zum Beispiel ohne Not das Wort «Briefing». Aber es hat meiner Credibility als Komiker nicht geschadet. Seit drei Jahren bin ich clean.

⬊ DAS GUCKT SICH WEG

Letzten Monat passierte die Katastrophe. Meine Waschmaschine gab den Geist auf. Urplötzlich stoppte das Programm «Buntwäsche pflegeleicht 40 Grad», und alle nur möglichen LEDs blinkten hektisch. Der haushaltstechnische Super-GAU!

Da ich als theoretischer Physiker mit der zweifelhaften Gabe von zwei linken Händen gesegnet bin, musste ich wohl oder übel fremde Hilfe in Anspruch nehmen. Mein erster Gedanke: die

Hanauer Landstraße. Wie jeder Frankfurter weiß, bieten dort diverse osteuropäische Ich-AGs am Straßenrand die verschiedensten handwerklichen Dienstleistungen für einen Schnäppchenpreis an. Doch ich bin natürlich ein erklärter Feind illegaler Schwarzarbeit und entschied mich stattdessen für die legale Variante: einen Handwerksbetrieb. Bereits beim Telefonat erkannte der Juniorchef an meiner fahrigen, sich überschlagenden Stimme, dass es hier offensichtlich um Leben und Tod gehen musste. Doch wie jeder gute Notarzt behielt er die Ruhe. Zwei Wochen später stand er vor meiner Haustür, ging wortlos in den Keller, schaute kurz auf die Maschine und murmelte: «Ouuh, ouuh, ouuh … das sieht schlecht aus!» Ich geriet in leichte Panik. Doch der Sanitärprofi beruhigte mich mit den Worten: «Machen kann man alles, aber das wird natürlich nicht ganz billig! Brauchen Sie 'ne Rechnung, oder machen wir brutto wie netto …?»

Das mag ich so an den Handwerkern: diesen feinen, reduzierten Wortwitz, durch den die kompliziertesten Probleme auf einen Punkt verdichtet werden. Der Maurer zieht eine Zwischenwand hoch und sagt: «Wasser und Sand gibt auch 'ne Wand!» Toll, oder? Und aus dem kleinen Dübelloch wird im Handumdrehen eine praktische Küchen-Durchreiche.

Man muss ja mit seinem Klempner nicht unbedingt über Kant diskutieren können, aber das schlichte Gemüt mancher Handwerker überrascht einen bisweilen schon. Und das, obwohl viele Meisterprüfungen vom Niveau her mit medizinischen Doktorprüfungen zu vergleichen sind. Andererseits sind Chirurgen (die Handwerker unter den Ärzten) in Insiderkreisen auch nicht gerade als intellektuelle Überflieger bekannt.

Dass monotone, langweilige Arbeiten schlecht fürs Gehirn sind, weiß man schon lange. Unser Gehirn will trainiert werden wie ein Muskel. Aber im Fitnessstudio um die Ecke gibt

NATUR WIDERLEGT TRINKERWEISHEIT

Auf einem Bein kann man nicht stehen
(von wegen!)

es dafür leider kein passendes Gerät. Und in vielen deutschen Handwerksbetrieben erst recht nicht. Wer immer nur Zündkerzen wechseln oder auf einen Knopf drücken darf, schaltet irgendwann auf stumpf. Deswegen haben Lokführer sogar einen sogenannten Toter-Mann-Schalter im Führerhaus. Einen Sicherheitsschalter, den sie in regelmäßigen Abständen betätigen müssen, um der Zentrale zu melden, dass sie noch wach sind. Eine Einrichtung, die demnächst auch in Einwohnermeldeämtern eingeführt werden soll.

Doch was passiert in einem Gehirn, das sich bei zu vielen Wiederholungen zu langweilen beginnt? Ein internationales Forscherteam ließ Versuchspersonen monotone Arbeiten erledigen und zeichnete dabei deren Hirnaktivität mit Hilfe der sogenannten funktionalen Magnetresonanztomographie auf. Die Wissenschaftler fanden heraus, dass das Gehirn nach und nach in eine Art Ruhezustand übergeht und quasi auf Autopilot schaltet. Eine halbe Minute nach Beginn der veränderten Hirnaktivität stieg die Fehlerquote der untersuchten Arbeiter um 50 Prozent. Einmal kurz nicht aufgepasst, und zack – ist die Badewanne hochkant eingekachelt.

Dem Handwerker selbst sind diese hirntechnischen Vorgänge selbstverständlich längst bekannt. Deshalb hat er im Falle kleinerer Pannen auch ein illustres Repertoire von Erklärungen und Ausreden parat: «Das guckt sich weg!» Oder noch schöner: «Das verspielt sich noch!»

Jeder Amateur, der selbst tapeziert, achtet zum Beispiel ganz genau darauf, dass die Tapete exakt «auf Stoß» ist. Der Profi dagegen verzichtet in der Regel auf dieses ästhetische Detail und denkt sich: «In zwei Wochen verspielt sich das sowieso. Und wenn sich's nicht verspielt, dann guckt sich's weg!»

Nicht, dass Sie mich jetzt falsch verstehen. Ich mag Handwerker. Ehrlich. Das Image dieser Berufsgruppe ist viel besser, als es hier den Anschein hat. Das ist neulich sogar statistisch nachgewiesen worden. In einer deutschlandweiten Studie waren 86 Prozent der Befragten der Meinung, deutsche Handwerker arbeiten zuverlässig, freundlich, fachkundig und hochwertig. Die hatten wohl Angst, wenn ihre wirkliche Meinung herauskommt, werden sie komplett im Stich gelassen.

Mein Waschmaschinenproblem hat sich übrigens sehr schnell erledigt. Das Flusensieb war einfach verstopft. «Hätten Sie auch problemlos selber machen können!», meinte der Handwerker und verließ nach 15 Minuten die Wohnung. Am Tag darauf bekam ich eine Rechnung über 140 Euro. Entsetzt rief ich den Klempner an: «140 Euro? Das hab ich noch nicht mal verdient, als ich vor einigen Jahren im Max-Planck-Institut gearbeitet habe!» Darauf antwortete er nur: «Sehen Sie, ich damals als Anwalt auch nicht!»

↘ TALL, DARK, LOW FAT UND ENTKOFFEINIERT

Schon Sigmund Freud wusste: Der Mensch entscheidet vollkommen anders, als er denkt. Das hat sich mittlerweile auch in der Werbung herumgesprochen. Seit Jahren kennt man in der Marktforschung das sogenannte Pepsi-Dilemma. Man bestellt beim Kellner eine Cola. «Nee, wir haben leider nur Pepsi!» «Och – dann lieber Mineralwasser.» Interessant dabei: Wenn Testpersonen nicht wissen, ob sie Coke oder Pepsi trinken, bevorzugt der Großteil von ihnen Pepsi. Wird ihnen jedoch vorher der Markenname gezeigt, entscheiden sich die meisten für Coke. Als man diese Menschen nun während des Tests in einen Computertomographen schob, fand man heraus, dass der pure Anblick des Coke-Logos den Teil unseres Gehirns stimuliert, der für unser Selbstbild verantwortlich ist. Mit der Marke Coke werden also positive Selbstwertgefühle verbunden. Und die sind uns offenbar wichtiger als der Geschmack.

Als dies bekannt wurde, brach in der Werbeszene eine wahre Hirnforschungs-Euphorie aus, ein komplett neues Forschungsgebiet entstand, in dem Gehirnforschung mit Wirtschaftswissenschaften zum sogenannten Neuromarketing verknüpft wurde. Mit neurowissenschaftlichen Technologien wird untersucht, wie Markennamen, Verpackungsgestaltungen oder ganze Werbekampagnen in unserem Gehirn wirken. Wann fällen wir eine Kaufentscheidung? Wie sehr beeinflussen Gefühle unsere Wahl? Was passiert in unseren Köpfen, wenn Raider plötzlich Twix heißt oder Dr. Best Zahnbürsten in unschuldige Tomaten drückt?

Neulich fanden die Neuromarketing-Forscher sogar heraus, dass es Teile im Gehirn gibt, in denen so banale Produkte wie Margarine emotional verankert sind. Die Konsumenten greifen immer dann zur Margarine, wenn ihr «Margarine-Zentrum» durch Werbung berührt wird. Dummerweise versuchen die Butter-Werber das Gleiche, und so tobt in unserem Gehirn ein ständiger Kampf, der stechende Kopfschmerzen hervorrufen kann. Viele potenzielle Konsumenten legen sich deswegen erst mal ins Bett, essen Zwieback und kaufen weder Margarine noch Butter.

Das zeigt, so einfach, wie sich die Neurowerber das dachten, lässt sich diese 1,4 kg schwere glibberige Masse in unserem Kopf nicht veräppeln. In den 90er Jahren gab es einen Fruchtjoghurt *Deutsche Einheit* Geschmacksrichtung *Banane*. Ein vollkommener Flop. Die Menschen waren erst begeistert – doch übrig blieb nur ein bitterer Nachgeschmack.

Trotzdem wirkt Werbung direkt aufs Gehirn. Wenn sich Claudia Schiffer in Dessous räkelt, springt das Belohnungszentrum – der Nucleus accumbens – in unserem Oberstübchen an. Frauen denken: «Die Wäsche möchte ich haben.» Männer: «Boah, ey!»

Intuitiv wussten die Werbefachleute das natürlich schon, bevor sie Menschen im Computertomographen untersuchten: Nackte, Kinder oder Tiere erzielen nachweislich die höchste Aufmerksamkeit. Und das lässt sich jetzt sogar neurobiologisch beweisen – ob das beworbene Produkt dann auch gekauft wird, ist natürlich eine ganz andere Sache …

Eine der gängigsten Methoden der Werber ist die schamlose Übertreibung. Man schlägt die Fernsehzeitung auf und liest: «Blutjung, geschändet und lebendig gefressen!» Doch im Endeffekt entpuppt sich das Ganze als ein ARTE-Themenabend über Angelköder. In der Werbewelt redet man eben gerne etwas drastischer über die Dinge.

Schon alleine deswegen haben Werbefachleute nicht unbedingt den besten Ruf. «Sag meiner Mutter nicht, dass ich in der Werbung arbeite. Sie glaubt, ich bin Pianist in einem Bordell» lautet ein bekannter Spruch innerhalb der Szene.

Eine weitere perfide Neuro-Werbetaktik sind Preisnachlässe. Wird ein Produkt durch ein leuchtendes Rabattschild angepriesen, greifen viele Kunden automatisch zu, sogar wenn es überteuert ist. Forscher vermuten, die Rabattschilder schalten im Gehirn interne Kontrollmechanismen aus. Entscheidungen sind auch für unser Gehirn eine anstrengende Angelegenheit, und da kann 20 Prozent auf alles außer Tiernahrung schon mal die bequemere Lösung sein.

Angefangen hat dieser Schnäppchenwahn ja mit ALDI. Jeden Mittwoch gab es neue Ware. Am Anfang noch relativ unspektakulär. T-Shirts, Klarsichtfolien oder eine Pur-CD. Mittlerweile jedoch bekommen Sie bei dem Discounter immer absurdere Dinge. Vom Teilchenbeschleuniger bis zum Papstkostüm – alles kein Problem! Eine Feuerbestattung plus Elektrogrill für 99 Euro – raus damit! Nächste Woche gibt's, glaube ich, Spendernieren. Im Fünferpack tiefgefroren – Opa wird sich freuen!

Neurobiologen wissen schon seit langem: Die Aussicht auf ein Schnäppchen lähmt die Großhirnrinde. Geiz macht also nicht geil, sondern doof. Auf dieser Erkenntnis basiert übrigens auch die Auktionsplattform Ebay. Ein Bekannter von mir hat dort vor einigen Wochen eine Luftgitarre versteigert. Die ging für 65 Euro weg! Kein Einzelfall. Inzwischen kann man sogar bei Ebay 10-Euro-Gutscheine für 16 Euro ersteigern.

Für die Werbestrategien der Zukunft sind diese Erkenntnisse hochinteressant. Warum soll ich mir die Mühe machen, mit rationalen Argumenten zu werben, wenn ich weiß, dass sämtliche Entscheidungen, die wir treffen, nicht von unserer Großhirnrinde, also dem Sitz unseres Verstandes, getroffen werden, sondern von unserer Gefühlszentrale, dem sogenannten limbischen System? Das weiß jede Frau, die schon mal in einen Idioten verliebt war. Ihre Großhirnrinde flüstert: «Schick ihn zum Teufel!» Ihr limbisches System dagegen schreit: «Aber er ist doch sooo süß!» Tatsächlich haben die meisten Dinge, die wir tun, herzlich wenig mit vernünftigem Verhalten zu tun.

Wir verschieben das Kinderkriegen, um Karriere zu machen, setzen für Drogen unsere Gesundheit aufs Spiel oder schauen uns im Fernsehen Volksmusiksendungen an. Viele schunkeln dabei sogar noch mit.

Dazu gibt es ein sehr interessantes Experiment. Man legte

Versuchspersonen Elektroden an den motorischen Bereich im Großhirn, deren Impulse dafür sorgten, dass sich der Arm des jeweiligen Probanden hob. Als man die Personen nach dem Grund für die Bewegung befragt hat, haben sie steif und fest behauptet: «Weil ich es so gewollt habe!» In letzter Konsequenz bedeutet dies: Das, was wir als freien Willen bezeichnen, ist im Endeffekt ein cleverer PR-Gag von unserem Gehirn, um uns vorzugaukeln, wir hätten auch irgendetwas zu melden. Was die Fachleute aus dem Neuromarketing natürlich nicht daran hindert, Fahrzeuge wie den Volvo C 30 in ihren Broschüren ernsthaft als «ein Produkt des freien Willens» anzubieten.

Sogar Tiere lassen sich übrigens mit Erkenntnissen der Hirnforscher beeinflussen. Legt man einer Gans ein Ei und einen größeren Tennisball ins Nest, dann bevorzugt sie den Tennisball. Anscheinend kommt der Ball ihrer Idealvorstellung vom Ei näher als das Ei selbst. Vielleicht lächeln Sie jetzt über die blöde Gans. Aber genau das Gleiche passiert, wenn Sie im Kühlschrank neben der Milch eine *Milchschnitte* sehen.

Perfektioniert hat diese Werbestrategie die Caféhauskette Starbucks. Wenn Sie dort einen Becher Kaffee kaufen, werden Sie zuerst einmal nach Ihrem Vornamen gefragt. Der wird dann wasserfest und unwiderruflich auf einen Pappbecher geschrieben. Nun müssen Sie bis zu sechs verschiedene Entscheidungen treffen: tall oder grande? Frappuccino oder Espresso? Caramel oder Peppermint? Low fat oder normal? Entkoffeiniert oder koffeiniert? Das klingt im ersten Moment vollkommen schwachsinnig. Doch aus psychologischer Sicht ist das eine geniale Idee, denn auf diese Weise gibt man Menschen, die im normalen Alltag über keinerlei Entscheidungsbefugnis verfügen, die Gelegenheit, endlich einmal zu bestimmen. Menschen, die nicht den blassesten Schimmer haben, was genau sie auf diesem

Planeten tun, erwerben für 2 Euro 80 nicht etwa einen Becher Kaffee. Nein. Sie erwerben eine präzise Definition ihres Ichs: Vince, tall, Frappuccino, Caramel, low fat, entkoffeiniert.

↘ HASTE MAL 'N EURO?

Ein deutscher Top-Manager geht in ein Schweizer Kreditinstitut und zischt dem Bankangestellten zu: «In diesem Koffer sind *eine Million* Euro!» Darauf erwidert der Banker: «Sie brauchen nicht zu flüstern, in der Schweiz ist Armut keine Schande ...»

Diesen launigen Scherz erzählt man sich seit Monaten auf den deutschen Führungsetagen. Denn die Vorstände der 30 Dax-Konzerne erhöhen regelmäßig ihre Jahresgehälter um zweistellige Prozentbeträge gegenüber dem Vorjahr. Das Durchschnittseinkommen dieser Berufsgruppe lag 2006 bei 2,7 Millionen Euro. Eine unglaubliche Summe, denn zusammengenommen verdienten diese 30 Top-Manager nicht mal so viel wie *ein* Michael Schumacher! Ist das gerecht?

Auf der finanziellen Pole Position steht nach wie vor der Chef der Deutschen Bank, Josef «Victory» Ackermann. 13,2 Millionen bekam der gebürtige Schweizer. In der Zeit, in der Herr Ackermann auf die Toilette geht, verdient er umgerechnet 400 Euro. Das nenne ich mal ein großes Geschäft. Zugegeben, 13,2 Millionen im Jahr klingt im ersten Moment nach ziemlich viel, im Fußballgeschäft bekommen Sie damit jedoch gerade mal einen mittelmäßigen Brasilianer.

Oder nehmen Sie den Linde-Chef Wolfgang Reizle. Der verdiente immerhin noch 7,15 Millionen. Nach Abzug von Steuern, Arbeitslosenversicherung und den Kosten für die regelmäßigen Einkaufstouren von Ehefrau Nina Ruge blieben ihm wahrscheinlich gerade mal geschätzte 1600 Euro monatlich.

Noch übler ist der ein oder andere Siemens-Vorstand dran. Da geht bei einem einzigen Wellnesswochenende mit Arbeitnehmervertretern schon mal die gesamte Altersvorsorge den Bach runter.

Arm und reich sind offenbar sehr subjektive Begriffe. Innerhalb der EU gilt jemand als arm, wenn er weniger als 60 Prozent des Durchschnittseinkommens verdient. Deshalb gelten auch Dax-Vorstände, die weniger als 1,6 Millionen verdienen, brancheninterne als arme Schlucker. Die Weltbank dagegen definiert einen Menschen als arm, wenn er weniger als einen Dollar am Tag für die Befriedigung seiner Lebensbedürfnisse zur Verfügung hat. Wenn Sie also das nächste Mal in der Fußgängerzone von einem jungen Menschen mit «Haste mal 'n Euro?» angesprochen werden, dann ist er aus Sicht der Weltbank eine durchaus wohlhabende Ich-AG.

Warum machen uns die hohen Managergehälter eigentlich so wütend? Genau genommen ist es doch für unseren eigenen Geldbeutel vollkommen egal, ob Herr Ackermann eine Million, zehn oder hundert Millionen Euro pro Jahr bekommt. Würde man alle dreißig Dax-Vorstände enteignen und ihr gesamtes Einkommen unter der Bevölkerung aufteilen, würde jeder Bundesbürger noch nicht einmal zehn Euro bekommen. Trotzdem fegt jedes Mal ein Sturm der Entrüstung durch die Nation, wenn deutsche Top-Manager ihr Gehalt offenlegen (müssen).

Eine Erklärung dafür bietet das sogenannte Ultimatumspiel: Stellen Sie sich vor, Sie bekommen hundert Euro geschenkt. Allerdings unter einer Bedingung. Sie müssen sich mit einer an-

MILCHMÄDCHENRECHNUNG

deren, Ihnen unbekannten Person einigen, wie Sie die Summe untereinander aufteilen. Sie dürfen dieser Person nur ein *einziges* Teilungsangebot machen. Nimmt die andere Person das Angebot an, dürfen Sie beide Ihren Anteil behalten. Lehnt sie es allerdings ab, bekommt keiner von Ihnen etwas. Wie entscheiden Sie sich? Zahlreiche Versuche zeigen: Die meisten Menschen bieten der anderen Person intuitiv vierzig oder sogar fünfzig Euro an. Und das ist clever, denn die meisten Menschen lehnen das Angebot tatsächlich ab, wenn sie nur dreißig Euro oder weniger bekommen. Aus rein ökonomischer Sicht ist es allerdings vollkommen unlogisch, freiwillig auf dreißig Euro zu verzichten, nur weil es einem stinkt, zu wenig vom Kuchen abzubekommen.

Das Spiel zeigt, dass wir in uns ein tiefsitzendes Gefühl für Fairness und Gerechtigkeit haben, das über dem der reinen Gewinnmaximierung steht. Und genau dieses Gefühl wird offenbar durch die hohen Managergehälter verletzt.

Ich gebe zu, ganz übertragbar ist dieses Beispiel sicherlich nicht. Denn es ignoriert, dass ein Manager in der Regel eine bestimmte Leistung für sein Geld erbringt. Und mit diesem Begriff haben wir Deutsche schon immer ein kleines Problem. Offiziell sucht man hier zwar den Superstar, fördert Elite-Unis und kürt im Fernsehen «Unsere Besten», doch wenn sich ein Leistungsträger dann real zeigt, will man ihn am liebsten einen Kopf kürzer machen.

In Wirklichkeit gibt es in diesem Land einen tiefen Neid auf Leistung, Verdienst und Kompetenz. Und diesen Neid tarnen viele mit der Forderung nach Respekt vor Gerechtigkeit. Aber Respekt vor der Leistung hat man leider oft nicht. Außer vielleicht im Sport. Wenn ein Fünfundzwanzigjähriger Einkommensmillionär seinen Fußballclub in die Champions-League schießt, wird er als Held gefeiert. Wenn ein Sechzigjähriger Einkommensmillionär sein Unternehmen in die Weltspitze bringt, ist er ein gieriger Egomane.

Nichtsdestotrotz muss man sich natürlich fragen, wie es mit der Leistungsfähigkeit von Top-Managern tatsächlich aussieht. Wer wird Top-Manager? Naiverweise würde man glauben, dass die intelligentesten, qualifiziertesten und fleißigsten ganz nach oben kommen. Genau das ist jedoch eine Illusion. Der Soziologe Michael Hartmann hat sich die Lebensläufe der Wirtschaftselite angeschaut. Das Ergebnis ist ernüchternd. Von den Vorstandsvorsitzenden der hundert größten deutschen Unternehmen stammen 85 Prozent aus dem gehobenen Bürgertum und dem Großbürgertum. Also einer Bevölkerungsschicht, der nur 3,5 Prozent der Deutschen angehören. Das bedeutet, nicht die Qualifikation, sondern die soziale Herkunft entscheidet über einen Vorstandsposten.

Auch die Kriterien für Entlohnung der Führungselite sind alles andere als klar. Eine der beliebtesten Begründungen für Gehaltsanpassungen sind Firmenfusionen. Beispiel Daimler-Benz und Chrysler. Das Unternehmen war durch den Zusammenschluss schlagartig doppelt so groß, aber leider nur noch halb so viel wert. Das neue Unternehmen Daimler-Chrysler löste diesen Konflikt, indem es die Managementgehälter nach oben und die Mitarbeitergehälter nach unten korrigierte. Weiterhin wurden die amerikanischen Führungskräfte durch Deutsche ersetzt, die sich aber dann in Stuttgart auf Englisch unterhalten mussten. Das Ganze bezeichnet man im Fachjargon als «Synergieeffekt». Was auf Deutsch so viel heißt wie «Schuss in den Ofen».

Allzu selbstgerecht sollten wir das Verhalten unserer Führungskräfte dennoch nicht bewerten. Wer verstehen will, warum sich so viele Vorstände immer großzügigere Gehaltssprünge zugestehen, der sollte einfach mal einen normalen Club-Urlaub buchen und sich dort die tägliche Schlacht am All-you-can-eat-Buffet anschauen: Da kloppen sich verantwortungsvolle Familienväter wie gierige Nokia-Manager um Jägerschnitzel und Pommes, als gäbe es kein Morgen. Und auch wenn beim besten Willen nichts mehr in den Magen reingeht, wird trotzdem noch das vierte Schüsselchen mit Tiramisu vollgeschaufelt. Wenn alles im Überfluss vorhanden ist und keiner sich für sein Verhalten so richtig verantworten muss, kriegen viele eben den Hals nicht voll. Da unterscheidet sich der Vorstandsvorsitzende nicht wesentlich vom Club-Urlauber.

Wir demonstrieren gegen Niedriglöhne, Stellenabbau und Umweltzerstörung, aber gehen zu H&M, ZARA oder ALDI. Wir informieren uns beim freundlichen Einzelhändler über den besten DVD-Player und kaufen ihn dann bei Media Markt, weil er dort zwanzig Euro billiger ist. Als Kunde betreiben wir genau das, was wir Top-Managern gerne vorwerfen: gnadenlose Globalisierung und Preisdruck, bis als Produktionsstandort nur noch Fernost übrig bleibt. Die wahren Heuschrecken in diesem Land sind nicht irgendwelche Nokia-Chefs oder Hedge-Fonds-Manager. Die wahren Heuschrecken, das sind wir selbst …

↘ KUNST IST SCHÖN, MACHT ABER VIEL ARBEIT

In England gibt es einen Mann, der nach einem Gehirnschlag plötzlich obsessiv kreativ wurde. Der 51-jährige Tommy McHugh war praktisch sein ganzes Leben ein gewalttätiger Trunkenbold, der sich nicht im mindesten für Kunst und Kultur interessierte. Nachdem ihm jedoch zwei kleine Blutgerinnsel im Gehirn, die den Schlaganfall verursacht hatten, operativ entfernt wurden, war er plötzlich ein vollkommen anderer Mensch. Er begann, Gedichte zu schreiben, Skulpturen zu erschaffen, zu malen und zu zeichnen, oft zehn oder mehr Stunden hintereinander, bis heute – ohne zu merken, wie die Zeit vergeht. Sein Interesse an Drogen sowie seine Neigung zur Gewalttätigkeit sind völlig verschwunden.

Steckt also in jedem von uns ein verhinderter Künstler? Höchstwahrscheinlich wurde aus dieser Hoffnung die Idee der Casting-Show geboren. Alljährlich bewerben sich Horden von Hartz-IV-Empfängern, Fleischereifachverkäuferinnen oder Staplerfahrer, um Popstar, Topmodel oder sogar Uri Geller zu werden. Menschen mit der Eleganz eines Kachelofens und dem Glamourfaktor eines Bußgeldbescheids wollen – koste es, was es wolle – ins Rampenlicht. Wie, ist den meisten ziemlich wurscht.

In dem Wort Kreativität steckt das lateinische *creare* = erschaffen, hervorbringen. Ursprünglich wurde der Begriff genutzt, um die Fähigkeit von Künstlern zur Erschaffung ihrer Werke zu beschreiben. Doch in neuerer Zeit geht der Begriff weit darüber hinaus und bezeichnet die allgemeine Fähigkeit zu schöpferischem Denken und Handeln. Bis in die späten 50er

Jahre war das Phänomen der Kreativität eine von den Wissenschaften kaum beachtete menschliche Fähigkeit, doch seither wird intensiv daran geforscht, wie das Gehirn Informationen verschaltet, um neue Ideen hervorzubringen. Welche Teile des Gehirns dafür zuständig sind, ist derzeit noch ein Rätsel. Auf jeden Fall spielt hier wieder das Belohnungssystem in unserem Kopf eine Rolle. Hat man eine zündende Idee gehabt oder etwas auf erstaunliche und neue Art umgesetzt, stellt sich eine tiefe Befriedigung ein.

Bei mir um die Ecke wohnt ein Bildhauer, der bearbeitet einen unbehauenen Klotz aus Stein so lange, bis er ganz zum Schluss aussieht wie ein unbehauener Klotz aus Stein. MONATELANG! Das muss unglaublich befriedigend für den sein.

Spannend ist, dass sich auch bei Außenstehenden derlei positive Gefühle einstellen: Betrachtet man einen Tanz, werden im Gehirn des Zuschauers genau die gleichen Areale aktiviert wie im Gehirn des Tänzers. Das ist auch der Grund, dass sich viele nach drei Folgen «Let's dance» nur noch im Walzerschritt zum Kühlschrank bewegen.

Wissenschaftler der Universität Harvard konnten zeigen, dass kreative Menschen offenbar die Neigung haben, Reize, die in ihrem Gehirn ankommen, ungefiltert an sich heranzulassen. Dieses Phänomen beobachtet man sonst nur bei Schizophrenen. Den Kreativen gelingt es allerdings, das Chaos im Kopf irgendwie für sich nutzbar zu machen, die Schizophrenen scheitern daran. Allerdings nicht immer. Denn schaut man sich Biographien von (echten) Superstars an, dann findet man ein buntgemischtes Potpourri von durchgeknallten, eindeutig gestörten Persönlichkeiten. Was aber war zuerst da? Im ersten Moment würde man denken: Bei *dem* Lebenswandel und *dem* Job *muss* man ja irrewerden.

Forscher vermuten jedoch das Gegenteil: Die «Störung» ist zuerst da. Nur Bekloppte machen so was. Der Göttinger Psychologe Borwin Bandelow fand heraus, dass auffallend viele Stars typische Verhaltensweisen des sogenannten Borderline-Syndroms aufweisen. Borderliner leiden unter einer komplexen psychischen Persönlichkeitsstörung, bei der unter anderem die Endorphinausschüttung nicht richtig funktioniert. Da die Betroffenen meist eine sehr geringe Frustrationstoleranz haben, benötigen sie drastische Kicks, um das biochemische Belohnungssystem ihres Körpers anzustacheln. Und die finden sie im Rampenlicht. Ohne diese Störungen müsste die Menschheit wohl auf viel Geniales verzichten. Vincent van Gogh, Klaus Kinski, Oliver Kahn.

Selbstverständlich ist nicht jede Berühmtheit automatisch ein endorphingestörter Soziopath. Oftmals arbeiten die Gehirne von hochkreativen Menschen durchaus normal. Allerdings mit kleinen, feinen Unterschieden zu durchschnittlich begabten Personen. Um der Kreativität auf die Spur zu kommen, untersuchten Hirnforscher Jazzpianisten, während sie improvisierten, in einem Hirnscanner. Dabei zeigte sich, dass das Hirnareal, das für geplante Aktionen und Selbstzensur verantwortlich ist, während der Improvisation nahezu abgeschaltet war. Die Musiker waren also im wahrsten Sinne des Wortes hemmungslos. Eine andere Studie zu diesem Thema ergab übrigens, dass sich die Anzahl der sexuellen Partner erhöht, je kreativer und damit enthemmter ein Mensch ist.

Bestes Beispiel: Mick Jagger. Auf den fahren nach wie vor ziemlich viele Frauen ab. Natürlich nicht, weil er so unglaublich gut aussieht, sondern weil Jagger der Inbegriff von Sex, Drugs und Rock 'n' Roll ist. Es muss schrecklich sein, wenn man als Mann so benutzt wird. Da möchte man nach einem Konzert

NICHTS
(zur Veranschaulichung)

mit einem Groupie noch ein gutes Gespräch über Nietzsche oder Camus führen – und sie will einfach nur deinen Körper.

Stellen Sie sich jetzt aber einfach mal vor, ein Typ wie Mick Jagger säße bei der Hauptpost am Schalter. Können Sie sich vorstellen, dass nur eine einzige Frau sagen würde: «Wow, das dürre, faltige Männlein an der Paketausgabe ist ja TOTAL sexy»? Nie im Leben! Und wenn das Männlein dann auch noch mit seiner großen Zunge eine Briefmarke ablecken würde, würden sich die Damen in der Schlange vor Ekel schaudernd abwenden, statt laute, ekstatische Schreie auszustoßen.

Kreative Leistungen objektiv zu bewerten, ist schwierig. Nehmen wir einmal meinen geschätzten Kollegen, das Gesamtkunstwerk Helge Schneider. Stellen Sie sich vor, er würde das, was er macht, nicht auf der Bühne, sondern in der U-Bahn tun. Auf der Bühne ist es Kunst, in der U-Bahn hielte man ihn für einen Psychopathen.

Pablo Picasso hat auf die Frage «Was ist Kunst?» angeblich geantwortet: «Wenn ich wüsste, was es ist, würde ich es für mich behalten.» Und ein anderer Intellektueller (ich glaube, es war Woody Allen oder Wolfgang Petry) meinte dazu: «Über Kunst zu reden, ist ungefähr genauso wie Architektur zu tanzen.» Trotzdem tun es eine Menge Leute – und scheitern: Bilder, die von Schimpansen gemalt wurden, werden von Kunstkritikern regelmäßig für abstrakte Meisterwerke gehalten. Auf der anderen Seite sind Tauben mit ein bisschen Training problemlos fähig, einen Monet von einem Picasso zu unterscheiden. Die lernen in kürzester Zeit, Muster zu erkennen. Hält man ihnen dann zwei neue Bilder vor, picken sie auf Picasso. Deswegen überlegen zurzeit auch viele Museen, ein paar dieser kleinen gefiederten Kenner in Führungspositionen einzusetzen. Arbeitsrechtlich eine echte Grauzone.

Für die meisten ist Kunst in erster Linie eine reine Geschmacksfrage. Meine Freundin findet experimentelles Tanztheater zum Beispiel nichtssagend. Ich dagegen finde es einfach nur langweilig. Da scheiden sich eben die Geister.

Dabei kann gerade zeitgenössische Kunst unglaublich spannend sein. Man muss sich nur darauf einlassen. Letztes Jahr ist mir in der Neuen Pinakothek in München eine unglaublich interessante Installation aufgefallen. Gleich im Eingangsbereich war in der Wand ein kleiner, rotumrahmter Glaskasten eingelassen mit der Aufschrift: «Scheibe einschlagen, Knopf tief drücken!» Ich hab's natürlich probiert. Und, was soll ich sagen? Keine zehn Minuten später – eine riesige Performance! Vierzig, fünfzig Menschen in Feuerwehrkostümen mit Autos und Blaulicht. Das war so authentisch. Sogar danach das Verhör und die Nacht in der Zelle. Da sag einer nochmal, moderne Kunst habe nichts mit Realität zu tun.

Der Gesetzgeber definiert künstlerische Tätigkeiten übrigens über den Mehrwertsteuersatz. Zum Beispiel zahlen Illusionisten sieben Prozent Mehrwertsteuer, Zauberer dagegen 19 Prozent. Die Begründung des Finanzministeriums ist von bestechender Logik: Illusionisten verdienen ihr Geld beispielsweise u. a. damit, Jungfrauen verschwinden zu lassen. Und das stellt in den Augen des Gesetzgebers eine künstlerische Leistung dar. Ein Zauberer dagegen lässt die Jungfrauen normalerweise nicht verschwinden, sondern er *zersägt* sie. Und das ist keine künstlerische, sondern eine handwerkliche Tätigkeit. So einfach kann's manchmal sein.

Kompliziert wird es mit der Mehrwertsteuer eigentlich nur dann, wenn keine Jungfrauen im Spiel sind. Was dummerweise in allen meinen bisherigen Programmen der Fall war. Deswegen ist mein abendlicher Mehrwertsteuersatz etwa so voraussagbar wie ein Bingoabend. Wenn ich beispielsweise meine Show auf einer normalen Kleinkunstbühne aufführe, muss ich sieben Prozent abrechnen, denn das ist Kunst. Spiele ich jedoch das identische Programm auf der Weihnachtsfeier des «Fachverbandes Sanitär Heizung Klima», gelte ich als Handwerker und muss 19 Prozent abführen.

Falls es Sie interessiert: Auf frische Pilze sind ebenfalls sieben Prozent Mehrwertsteuer abzuführen, auf Pilze im Glas dagegen 19 Prozent. Nicht zu vergessen: Knieprothesen. Die sind mit sieben Prozent veranschlagt – im Gegensatz zu Zahnprothesen, die bei 19 Prozent liegen. Das hat zwar alles nichts mit Kunst zu tun, muss an dieser Stelle aber mal festgehalten werden.

Der für mich schönste Satz, der je über Kunst gesagt wurde, stammt von Karl Valentin: «Kunst ist schön, macht aber viel Arbeit.» Vielleicht verstehen Sie den Zusammenhang zum vorher Gesagten gerade nicht, aber es zu versuchen – genau das ist Kreativität.

↘ MASINE ISSE SON GEPUTZT

Wir Deutschen haben die Currywurst, den Spreizdübel und die Kernspaltung erfunden. Die Erfindung des guten Service ist an diesem Land jedoch nahezu spurlos vorbeigegangen. Als ich mich neulich bei meiner Bank über die Höhe der Kontoführungsgebühr erkundigt habe, blaffte mich der Filialleiter an: «Das dürfen wir Ihnen aus Datenschutzgründen nicht sagen …»

158 DENKEN SIE SELBST …

Ich glaube, der größtmögliche Gegensatz zum Karneval in Rio ist die Filiale meiner Hausbank. Mürrisch, schlecht ausgebildet und mit dem Gesichtsausdruck eines toten Karpfens geht man seinem Tagewerk nach. Wenn Sie dort einen Angestellten lächeln sehen wollen, müssen Sie ihn kopfüber betrachten.

Früher liefen Geldgeschäfte viel entspannter ab. Mein Opa hat sein gesamtes Vermögen noch unter der Matratze aufbewahrt. Dort war es immer schnell und stressfrei verfügbar – quasi die erste Form des Home-Banking. Heute müssen Sie für ein fünfminütiges Gespräch mit einem Kundenberater einen halben Tag Urlaub nehmen.

Warum arbeiten deutsche Dienstleistungsbranchen eigentlich so extrem an ihren Konsumenten vorbei? Jahrelang haben die Unternehmen in die Produktqualität investiert und dabei die Menschen, die diese dem Kunden vermitteln sollen, vergessen. Die Folge: Es gibt kaum noch schlechte Produkte, dafür umso mehr schlechte Verkäufer, Berater oder Kundendienstmitarbeiter. Für die meisten Jobs als Verkäufer reichen gute Schulnoten und saubere Fingernägel. Dass Kundenkontakt eine gewisse Kontaktfreudigkeit voraussetzt, ist den meisten fremd.

Am deutlichsten zeigt sich die deutsche Servicementalität jedoch in der Gastronomie. In einem Landgasthof im Spessart machte ich einmal eine Bedienung auf die Tatsache aufmerksam, dass mein Weinglas etwas dreckig sei. Darauf antwortete sie: «Ja, und? Die sind bei uns alle so!» Dafür gab sie sich mit der Erklärung der Speisekarte wesentlich mehr Mühe. Als ich die Kellnerin fragte, was das denn für ein Fisch sei, der da als Tagesgericht angepriesen werde, zuckte sie mit den Schultern und sagte: «Keine Ahnung, so ein eckiger halt.» Dummerweise machte ich den Fehler und bestellte den eckigen Fisch. Danach lag ich drei Tage flach und weiß seitdem: Der eckige Fisch aus dem Spessart ist der einzige, der noch giftiger ist als der Kugelfisch aus Japan.

Natürlich muss man zugeben, dass schlechter Service kein rein deutsches Phänomen ist. Und erst recht nicht in der Gastronomie. Auch der angeblich so freundliche Südländer ist dazu problemlos in der Lage. Allerdings kaschiert er seinen Unwillen zur Dienstleistung oftmals mit einem schmierig-einnehmenden Charme. Als ich neulich abends um halb elf beim Italiener um die Ecke nach einem ausgiebigen Menü zu guter Letzt noch einen Espresso bestellen wollte, schalmeite mir der Kellner mit großer Geste entgegen: «Tute mir leid, Masine isse leider son geputzt!» Ein Satz, der vermutlich auch in italienischen Notfallambulanzen zu hören ist: «Sie wolle zu de Dialyse? Um *diese* Zeite? Tute mir leid, Masine isse son geputzt!»

«Söne rote Wein für sönes Frau! Atte gesmeckt? Noch eine Grappa auf die Ausse…?» Ich vermute ja, dass 90 Prozent aller italienischen Kellner in Wirklichkeit völlig akzentfreies Deutsch sprechen können. Die werden nur von der Mafia gezwungen, diesen abgehackten Akzent und die schwülstigen Floskeln in Sprachkursen zu lernen, weil das angeblich in den Ohren von uns Deutschen so mediterran locker klingt. Und alle Kellner, die diesen Sprachkurs bestehen, bekommen dann von der Mafia diese berühmte, 90 Zentimeter lange Peugeot-Pfeffermühle, mit der sie dann den Gästen permanent im Essen rumfummeln. «Krkrkr…, eine bisse Pfeffer? Und danach eine Grappa auf die Ausse…?»

Auch unsere geliebten österreichischen Nachbarn sind ohne weiteres zu echten Highlights im Dienstleistungssektor fähig. Alleine in Wien kenne ich mindestens ein Dutzend Kaffeehäuser, in denen man von den Kellnern mit blankem Hass bedient wird. Selbstverständlich nur, wenn man einen guten

Tag erwischt hat. Andernfalls wird man komplett übersehen. Denn der österreichische Kellner teilt seine Gäste grundsätzlich in zwei Kategorien ein: Der eine Teil braucht nur kurz und fast unmerklich das erste Fingerglied zu heben und – zack, ist der Kellner da: «Küss die Hand, gnää Frau ...» Ich gehöre zum anderen Teil und kann am Tisch Leuchtraketen abschießen und werde trotzdem vollkommen ignoriert. Warum das so ist, darüber streiten sich die Forscher. Ethnologen vermuten weit zurückliegende, rituelle Gründe. Neurobiologen erklären dieses Phänomen mit einer leichten Anomalie im visuellen Cortex. Mein Nachbar dagegen glaubt, Kellner sind einfach nur ganz normale Arschlöcher.

Vielleicht hat die schlechte Servicementalität in unserem Kulturkreis ja auch historische Gründe. Der Begriff «dienen» hatte bei uns seit jeher einen eher negativen Klang. Bis 1918 war Deutschland eine typische Feudalgesellschaft, in der derjenige, der dient, unter dem stand, der bedient wird. Der «Dienst-leister» war demnach gesellschaftlich weniger wert. Die USA dagegen hatten als eher hierarchiefreier Einwandererstaat schon von Beginn an ein entspannteres Verhältnis zur Dienstleistung. Das ist auch heute noch deutlich spürbar. In Amerika werden Billiglöhner in Dieneruniformen gesteckt, die Ihnen das Auto parken. Das lieben die Amis. In Deutschland heißen Billiglöhner in Uniformen «Politessen» und werden gehasst. Die Amis erleichtern das Parken, die Deutschen erschweren es. Das ist der Unterschied zwischen Dienstleistungsgesellschaft und Obrigkeitsstaat.

Dabei ist guter Service doch so einfach. Die Verkaufspsychologie zeigt immer wieder Wege aus der Servicewüste. Ein zentraler Erfolgsfaktor – wer hätte es gedacht – ist dabei die Freundlichkeit. Lächelnde Verkäufer schleichen sich in unser Gehirn, denn das positive Gefühl ist ansteckend und führt zur Ausschüttung des Glückshormons Dopamin. Wer vor Freundlichkeit sprüht, kann weitgehend auf Argumente verzichten. Ein freundliches Lächeln öffnet Türen, Herzen – und Geldbeutel.

Aber bei verdeckten Servicetests für Dienstleister, sogenannten Mystery Checks, wird meist nur Mittelmäßigkeit entdeckt und oft auch gnadenlos schlechte Erlebnisse. Mich wundert's nicht: Letztes Jahr habe ich mir in einem Möbelhaus eine kleine Kommode ausgesucht. Zwei Wochen später fährt der Möbelwagen vor, der Fahrer steigt aus, wirft einen abfälligen Blick ins Treppenhaus, dann einen kurzen Blick zu seinem Kollegen und sagt zu mir: «Da nuff…? Kannste vergesse!»

Verständnislos schaute ich die beiden an. Ich habe in unserem Treppenhaus schon Leute gesehen, die da ganze Klaviere hochgetragen haben. Komplette Barockorgeln! Das Bernsteinzimmer in einem Stück!

Ich nahm also all meinen Mut zusammen, holte kurz Luft und säuselte so freundlich und hartnäckig, wie ich konnte: «Versuchen Sie es doch einfach mal. Ich persönlich glaube, das geht …» Darauf musterte mich der Kleinere von beiden von oben bis unten und sagte dann den Killersatz: «Hör mal zu, Meister … Wir machen das hier jeden Tag! Wenn du glaubst, das geht, dann mach's doch selber!» Tja … Habe ich dann auch gemacht. Wohl oder übel …

Nach Meinung des Schweizer Vertriebstrainers Daniel Zanetti muss man als guter Dienstleister einfach nur die Erwartungshaltung der Kunden übertreffen. Und das ist in der Regel nicht schwer, denn die erwarten erst mal nichts Außergewöhnliches. Stattdessen erfolgt Kundenbindung meist über Rabatte und Plastikkarten: «Zwanzig Prozent auf alles außer Tiernahrung!» Warum eigentlich nie auf Tiernahrung? Und wieso zum

Teufel hat ein *Baumarkt* überhaupt Tiernahrung? Das konnte man mir auch vor Ort keiner sagen. Dafür wurde ich gefragt: «Sammeln Sie Punkte?» Warum sollte ich Punkte sammeln? Wenn ich welche möchte, fahre ich mit 80 km/h durch geschlossene Ortschaften.

Wenn sich die Sammelei wenigstens lohnen würde. Aber für eine einfache Bierzapfanlage von ARAL muss man grob geschätzt 32 000 Liter Diesel tanken. Ich glaube, deswegen werden auch so viele von diesen Offroad-Jeeps gekauft. Weil das die einzigen Kisten sind, die das vom Spritverbrauch her schaffen.

Was also soll man tun, wenn man wieder in der Service-Wüste festsitzt? Hier empfiehlt der Psychologe: Bleiben Sie freundlich, aber hartnäckig. Ein Gespräch kann helfen, denn Gespräch ist immer auch Therapie. Und insgeheim muss ich zugeben: Es ist für mich immer wieder ein beeindruckendes Erlebnis, in einem Wiener Caféhaus zu sitzen, in dem es gegen die Würde des Kellners verstößt, wegen ein paar Cent Trinkgeld für einen den Affen zu machen. Das passiert Ihnen zwar in Deutschland auch, der Österreicher jedoch hat das wenigstens in seiner Ausbildung gelernt. Das ist der große Unterschied. Im deutschen Service ist Unfreundlichkeit eine Mentalitätsfrage – im österreichischen eine Berufsqualifikation.

163 DENKEN ALS DIENSTLEISTUNG

⬎ DIE SCHALLMAUER IST KEINE LÄRMSCHUTZWAND

Noch vor 300 Jahren gab es Menschen, die jedes Buch gelesen hatten. Diese Menschen verfügten über das gesamte Wissen ihrer Zeit, das sogenannte *Totum*. Wenn Sie heute jeden Tag ein Buch läsen, bräuchten Sie allein 15 000 Jahre, um die Deutsche Nationalbibliothek in Frankfurt durchzuackern. Und wenn Sie das deutsche Steuerrecht noch mit dazunähmen, würden Sie überhaupt nie mehr fertig.

Das Weltwissen verdoppelt sich alle fünf bis zehn Jahre, Google durchforstet 30 Milliarden Webseiten und die Bundesagentur für Arbeit verzeichnet mehr als 6300 verschiedene Berufe.

Eigentlich müssten wir immer schlauer werden. Stattdessen sind viele Jugendliche der Meinung, der Nahe Osten ist eine andere Bezeichnung für die neuen Bundesländer, und die Nebenhöhlen liegen irgendwo im Bayerischen Wald. Denn weil immer mehr Informationen zugänglich sind, fällt es uns immer schwerer, sie einzuordnen, zu verstehen und sinnvoll anzuwenden.

Selbst Akademiker haben damit ihre Schwierigkeiten. Heute gibt es Studenten, die halten den Prager Frühling für eine Modemesse. Der Generalist stirbt praktisch aus. Noch vor 200 Jahren haben die Barbiere die Zähne gezogen. Welcher Zahnarzt kann denn heute noch Haare schneiden?

Dabei werden Wissen und Bildung immer wichtiger. In der Generation meiner Eltern war es noch möglich, dass ein ungelernter Arbeiter am Band fast genauso viel verdienen konnte wie ein Mann mit Hochschulabschluss. Inzwischen liegt die einzige lukrative Verdienstmöglichkeit einer ungelernten Kraft im kriminellen Milieu. Wundert Sie jetzt noch was?

Lebenslanges Lernen heißt das Schlüsselwort, wenn man auf dem Arbeitsmarkt mithalten will. Denn nicht Handwerk, sondern Kopfwerk hat in diesem Land goldenen Boden.

Deshalb sind die Ergebnisse der PISA-Studie auch so alarmierend. Was das Lernen betrifft, sieht es nicht gut aus im Land der Dichter und Denker. Besonders dramatisch ist die Situation im Bereich Naturwissenschaften. 34 Prozent der deutschen Realschüler sind davon überzeugt, die Nordhalbkugel drehe sich entgegengesetzt zur Südhalbkugel. So mancher Lehrer zuckt jetzt zusammen und denkt: «34 Prozent? Unmöglich! Das wäre ja mehr als die Hälfte!» An dieser Stelle empfehle ich nachdrücklich eine Klassenfahrt zum Äquator: einfach breitbeinig drüberstellen und gucken, was passiert.

Natürlich ist jede Statistik grundsätzlich mit Vorsicht zu genießen. Vor einigen Jahren hat ein großer deutscher Radiosender seine Hörer in einer Umfrage aufgefordert, mit «Ja» oder mit «Nein» abzustimmen. Über 5000 Menschen riefen an, und 76 Prozent haben mit «Ja» gestimmt. Und das, obwohl überhaupt keine Frage gestellt wurde. So sieht's aus in Deutschland!

Auch unsere Volksvertreter betreten, was das naturwissenschaftliche Grundwissen angeht, dünnes Eis. Bei der letzten Bundestagswahl haben viele Spitzenpolitiker von einem «Quantensprung in der Arbeitsmarktpolitik» gesprochen. Ein Quantensprung – das klingt doch vielversprechend. Physikalisch gesehen ist ein Quantensprung allerdings definiert als die «kleinstmögliche Zustandsänderung, meist von einem hohen auf ein niedriges Niveau».

Aber es gibt Hoffnung. In den letzten Jahren hat sich die Neurowissenschaft intensiv mit dem Thema «Wissenserwerb» auseinandergesetzt und herausgefunden, was in unserem Kopf abläuft, wenn wir lernen. Die gute Nachricht vorneweg: Mit unserem Gehirn ist alles in Ordnung. Der Hirnforscher Manfred Spitzer sagt dazu: «Dass wir Menschen zum Lernen geboren sind, beweisen alle Babys. Sie können es am besten, sie sind dafür gemacht; und wir hatten noch keine Chance, es ihnen abzugewöhnen. Unser Gehirn ist also für das Lernen optimiert. Es lernt nicht irgendwie und mehr schlecht als recht, sondern kann nichts besser und tut nichts lieber.»

Immer, wenn wir etwas lernen, schüttet unser Gehirn ein bestimmtes Hormon aus, das Dopamin. Es besteht nur aus 22 Atomen, ist jedoch ein wahrer Tausendsassa. Es ist daran beteiligt, Wachheit zu steuern, Neugierde, Lernvermögen, Phantasie und Kreativität. Und: Es sorgt für ein Gefühl der Befriedigung! Demnach ist die Frage, wie man Menschen zum Lernen motivieren kann, so sinnvoll wie die Frage: «Wie erzeugt man Hunger?» Menschen sind von Natur aus motiviert. Sie können gar nicht anders, denn sie haben ein äußerst effektives System dafür im Hirn. Die Frage lautet folglich nicht: «Wie kann ich Menschen zum Lernen motivieren?», sondern: «Warum sind so viele vom Lernen demotiviert?»

Dazu ein kleines Beispiel: Sie haben in Ihrem Leben bestimmt Hunderte von Tomaten gegessen. Trotzdem können Sie sich keineswegs an jede einzelne erinnern. Warum auch? Ihr Gehirn hat Besseres zu tun, als sich Tomaten zu merken. Das detaillierte Wissen über jede einzelne Tomate wäre nicht nur eine unglaubliche Energieverschwendung, sondern würde Ihnen bei der nächsten Tomate rein gar nichts bringen. Was Ihr Gehirn dagegen gelernt hat, ist eine *allgemeine* Information über Tomaten: rot – tennisballgroß – Tomate! Dieses Allgemeinwissen lernt unser Gehirn jedoch nicht dadurch, dass es stupide eine allgemeine Regel anwendet. Ganz im Gegenteil. Es lernt dadurch, dass es konkrete Beispiele verarbeitet und aus diesen Beispielen die Regeln *selbst* produziert.

Und hier liegt der Knackpunkt. Oft wird Wissen nämlich vermittelt, indem man dem Lernenden eine fertige, abstrakte Formel vorsetzt und erwartet, dass er später diese Formel auf ein konkretes Beispiel anwendet. Für unser Gehirn ist das eine echte Demotivationskampagne. Und für den Lernenden erst recht.

Als ich in der Oberstufe war, sollten wir ausrechnen, wie hoch die Anzahl der Permutation von n Objektes ist, die in k Gruppen von l gleichen Elementen fallen. Wir haben es gehasst. Hätte man uns aber gefragt: Wie hoch ist die Wahrscheinlichkeit, dass ihr bei einem positiven HIV-Test wirklich infiziert seid? Dann wäre das mit Sicherheit ein spannendes Unterrichtsthema gewesen.

Als Kind wollte ich wissen, wieso Sterne funkeln, warum ein See von oben nach unten zufriert oder warum man keinen gelben Schnee essen sollte. Stattdessen habe ich gelernt, dass «Licht» ein schwarzer Strich ist, der im Physikbuch von links unten nach rechts oben verläuft und auf einen anderen schwarzen Strich prallt, der «Spiegel» heißt. Das ist in etwa so, als hätte man mir Musik nahebringen wollen, indem ich jahrelang Partituren hätte lesen müssen.

Einmal wollte ich von meinem Chemielehrer wissen: «Wie viel wiegt ein Kubikmeter Blei?» – und ich bekam die Antwort: «Frag mich was Leichteres …» Zur damaligen Zeit war auch der Witz in Mode: Was hat einen IQ von 90 und besucht regelmäßig die Schule? Drei Sportlehrer.

Natürlich war in meiner Schulzeit auch nicht alles schlecht. Der damals übliche Frontalunterricht beispielsweise: Einer (der Lehrer) sprach, und die anderen (wir Schüler) hörten zu.

Inzwischen ist diese Unterrichtsform ziemlich aus der Mode gekommen, weil viele Bildungspolitiker der Meinung sind, ein Wissensvorsprung der Lehrer gegenüber den Schülern verstoße gegen das Gleichheitsprinzip. Deswegen sprechen heute in vielen Klassenverbänden alle, und keiner hört mehr zu – eine Kommunikationsform, die in Talkshows, Bundestagsdebatten und Betriebsratssitzungen übernommen wurde.

Gründe für das schlechte Abschneiden in der PISA-Studie gibt es sicherlich viele. Und ich möchte mir keinesfalls anmaßen, alle zu kennen, geschweige denn, Patentrezepte dagegen parat zu haben. Die gibt es ohnehin nicht. Worin sich jedoch alle Experten einig sind: Das größte Geheimnis eines guten Pädagogen liegt in seiner Fähigkeit, Schüler zu begeistern.

Leider tut das deutsche Bildungssystem immer noch vieles, um diese Begeisterungsfähigkeit zu bremsen. An der Uni lernen zukünftige Chemie- oder Physiklehrer vor allem eine Anleitung zum Lösen von Übungsaufgaben und fast nichts über die Faszination ihrer Fachgebiete. Unter «Pädagogik» verstehen nicht wenige Kultusministerien nach wie vor «die Kunst, Schüler zur Aufgabe zu zwingen». Kein Wunder, dass man dadurch angehende Lehrer zu Klassenfeinden macht.

Das ist sehr schade. Denn gerade in den Naturwissenschaften geht es nämlich nicht um trockene Rechnungen oder komplizierte Formeln, sondern um den Versuch, die Welt um uns herum zu beschreiben und zu verstehen. Und das erfordert Phantasie und Kreativität.

Albert Einstein fragte sich: «Wie sähe die Welt aus, wenn ich auf dem Rücken eines Lichtstrahls reiten könnte?», und kam dadurch auf die Spezielle Relativitätstheorie. Phosphor wurde nur deswegen entdeckt, weil ein deutscher Chemiker davon überzeugt war, dass man aus Urin Gold destillieren kann. Von

Isaac Newton ist bekannt, dass er sich aus reiner Experimentierfreude eine Schusterahle in die Augenhöhle eingeführt hat. Einfach nur, um zu sehen, was passiert.

Und deswegen mein Appell: Probieren Sie etwas Derartiges auch mal aus! Gehen Sie offen durch die Welt und experimentieren Sie. Denn Wissenschaft heißt in erster Linie, neugierig zu sein und Spaß zu haben! Eine These, die durch die Neurowissenschaften eindeutig bestätigt wurde: Ein vergnügtes Hirn lernt einfach besser. Und dabei ist es völlig egal, ob ein Lehrer am Computer, an der Tafel oder am Overhead lehrt. Ob Frontalunterricht oder Gruppenarbeit, ob er alt ist oder jung. Ich habe über den Dreißigjährigen Krieg am meisten gelernt, als unser Geschichtslehrer von seiner Kindheit erzählt hat.

↘ HAUPTSACHE HUMOR

Der Humorexperte Jerry Lewis sagte über den Beruf des Komikers: «Comedy is a man in trouble.» Und genau das trifft meiner Meinung nach den Kern. In der Regel geht man nämlich nicht deswegen auf die Bühne, weil man sich als unglaublich witziges Kerlchen empfindet, sondern weil einem permanent die großen und kleinen Ungereimtheiten des Lebens auffallen. Auch ich leide unter diesem Zustand. Neulich erst dachte ich mir: Wenn man betrunken eine Straftat begeht, bekommt man in der Regel mildernde Umstände. Wenn man dagegen betrunken einen Lottoschein ausfüllt, erhält man trotzdem den ganzen Gewinn. Das ist doch vollkommen unlogisch!

169 DENKEN ALS DIENSTLEISTUNG

Oder was passiert mit all diesen Kevins und Jacquelines, die bei IKEA eben nicht mehr aus dem Kinderparadies abgeholt werden? Bleiben die dann bis zu ihrer Volljährigkeit in diesem mit Bällen gefüllten Glaskasten? Vielleicht werden sie ja auch jeden Abend eingesammelt und müssen dann tief unten im Lager die Teppiche knüpfen.

Und warum haben die meisten ausgerufenen Kinder bei IKEA eigentlich immer Namen wie Kevin oder Jacqueline? Ich habe noch nie gehört, dass ein Rüdiger, ein Jürgen oder ein Heinz aus dem Kinderparadies abgeholt werden wollte.

Rüdiger, Jürgen, Heinz – für mich sind das typische Namen von LKW-Fahrern. Das liest man zumindest immer auf diesen Schildern in der Windschutzscheibe. Vielleicht sind Namen wie Rüdiger, Jürgen oder Heinz ja sogar eine Grundvoraussetzung, damit man überhaupt einen LKW-Führerschein machen darf? Wahrscheinlich ist das auch die erste Frage, die einem bei der Anmeldung gestellt wird: «Vorname?» Und wenn Sie dann sagen: «Kevin» oder gar «Jacqueline», blickt Sie der Fahrlehrer mit einem mitleidigen Kopfschütteln an und antwortet: «Tut mir leid. Aber versuchen Sie es doch einfach mal bei IKEA …»

Solche Beobachtungen sind der Grund, weshalb man Komiker wird. Man sieht die Absurdität und kann gar nicht anders, als sich Gedanken darüber zu machen.

Ist Ihnen übrigens aufgefallen, dass viele Komiker ebenfalls typische Vornamen von LKW-Fahrern haben? Rüdiger Hofmann, Jürgen von der Lippe, Heinz Erhardt. Das ist bestimmt kein Zufall. Denn umgekehrt stecken in vielen Truckern verkappte Humoristen. Anders sind Aufkleber mit Sprüchen wie «Meiner ist zwölf Meter lang!» nicht zu erklären. Finden Sie das lustig?

Wie genau Humor funktioniert, interessiert mittlerweile auch die Wissenschaft. Vor einigen Jahren wurde am Londoner Institute of Neurology die «Biologie des Humors» untersucht. Man schob Testpersonen in einen Gehirnscanner und erzählte ihnen mehr oder weniger lustige Witze. Wenn eine Pointe zündete, leuchtete besonders der sogenannte Vorderhirnlappen (medialer präfrontaler Kortex) stark auf. Ein Bereich im Hirn, der für die Belohnung zuständig ist. Interessanterweise verlieren Menschen, die durch einen Unfall eine Verletzung an ebendiesem Vorderhirnlappen erlitten haben, komplett ihren Sinn für Humor. Diese Menschen verstehen zwar den Witz, aber sie können darüber nicht lachen. Umgekehrt hat natürlich nicht jeder humorlose Mensch automatisch einen Hirnschaden. Sonst müsste halb Ostwestfalen in neurologische Behandlung.

82 Prozent der Frauen suchen sich gezielt Männer aus, die sie zum Lachen bringen können. Ich hatte vor einigen Jahren mal ein Blind Date. Das Einzige, was ich über die Frau wusste, war die Aussage: «Ich wünsche mir einen Mann mit viel Humor.» Unglücklicherweise ergab sich bei dem Treffen ziemlich schnell, dass sie nicht *meinen*, sondern *ihren* Humor meinte.

Ein Dilemma, das jeder kennt. Nur etwa drei Prozent der Bevölkerung sagen von sich, sie hätten wenig oder keinen Humor. Gleichzeitig halten die Deutschen 80 Prozent ihrer Mitbürger für vollkommen humorlos. Aber von dieser Schnittmenge leben wir Komiker immerhin.

Ein Job, der nicht immer witzig ist. Besonders durch das viele Herumreisen gerät man an physische und psychische Grenzen. Inzwischen habe ich in Hotels immer die leichte Panik, dass ich am Abreisetag irgendetwas im Zimmer vergesse. Teilweise stehe ich *eine* geschlagene Stunde lang vor dem Garderobenspiegel und denke mir: «Wie kriegst du den jetzt unauffällig ins Auto?» Letztes Jahr in einem Landgasthof in Osnabrück

DA LACHT DER MATHEMATIKER

habe ich sogar den gesamten Vormittag damit verbracht, diese blöde Minibar aus dem Massivholzschrank herauszubekommen. Doch nicht etwa aus Bosheit, sondern aus Rache. Ich kam am Vorabend ausgepumpt von einer Vorstellung ins Hotelzimmer und nahm mir aus dem kleinen Kühlschrank einen Schokoriegel. Als ich dann beim Essen gedankenverloren auf die bunte Verpackung blickte, sah ich plötzlich, dass die aufgedruckte Postleitzahl nur vier Stellen hatte. Ich finde, in solchen Situationen ist ein leichter psychopathischer Schub durchaus angebracht.

Wenn man eine gewisse Zeit im Showgeschäft tätig ist, bleibt es nicht aus, dass man hin und wieder für sogenannte Galas engagiert wird. Galas sind Auftritte bei internen Veranstaltungen wie Weihnachtsfeiern, Betriebsfesten oder Möbelhauseröffnungen. Also die ganz großen Highlights einer Kleinkünstlerkarriere.

Vor einigen Jahren hatte man mich für die Einweihung des neuen Restaurants der Galeria Kaufhof in Frankfurt gebucht. In einem telefonischen Vorgespräch versicherte mir die dafür beauftragte Event-Agentur, es sei alles ganz professionell organisiert. Eine kleine, aber feine Veranstaltung für ausgewählte Kunden des Kaufhof-Konzerns. Der Raum sei bestuhlt, es gäbe eine kleine Bühne, und – ganz wichtig – KEIN LAUFPUBLIKUM. Als ich gutgelaunt dort ankam, traf mich fast der Schlag. In dem etwa 1000 Quadratmeter großen Restaurant saßen zwölf (!) Gäste. Allesamt keineswegs «ausgewählte Kunden des Hauses», sondern normale Kaufhof-Besucher, die müde von einem langen Shopping-Tag einfach nur einen Kaffee trinken wollten und natürlich nicht die leiseste Ahnung hatten, dass jetzt gleich DIE deutsche Comedy-Hoffnung ein Gagfeuerwerk über ihrer Käsesahne abbrennen würde.

Auch die Positionierung der Bühne war sensibel gewählt. Die

Event-Agentur hatte sie direkt vor der Rolltreppe aufgebaut. Was natürlich zur Folge hatte, dass während meines Auftritts ständig Restaurantbesucher, die aus den unteren Etagen hochkamen, mit entsetzten Blicken auf einen bemüht witzigen Alleinunterhalter zufuhren und einen Meter vor ihm zum Stehen kamen. Immerhin, der Veranstalter hatte nicht gelogen: Es gab tatsächlich kein *Lauf*-, sondern ein *Roll*publikum. Die aberwitzige Situation wurde schließlich noch getoppt, indem eine verbiestert dreinblickende Rentnerin mit einem Kuchentablett an mir vorbeiging und mir mit Todesverachtung zuzischte: «Net so laut!» Und ich fand, sie hatte recht.

Aber jeder hat eben mal klein angefangen. Noch vor sechs Jahren habe ich zusammen mit meinen Kollegen Roberto Capitoni und Mario Barth eine gemischte Show auf die Beine gestellt. Das Projekt hatte den hammer-witzigen Titel «Die Drei Komiker» und schlug in der deutschen Kleinkunstszene ein wie eine Bombe. Einmal spielten wir bei einer Open-Air-Veranstaltung im Westerwald sogar vor über dreißig zahlenden Zuschauern! Schon nach wenigen Minuten war die Stimmung auf dem Siedepunkt. Was allerdings nicht unbedingt an unserer genialen Performance lag, sondern eher an der Tatsache, dass die Veranstaltung mitten im August bei über dreißig Grad im Schatten stattfand. Doch wir hielten tapfer durch. Nach der Show zahlte uns der Veranstalter die opulente Gage mit den Worten aus: «Egal, was die anderen sagen, ich fand's gut …»

Diese Zeiten sind glücklicherweise vorbei. Inzwischen spielen Roberto und ich unsere Programme in den renommiertesten Kabarett-Häusern der Republik. Von Mario habe ich nur gehört, dass er anscheinend immer noch Open-Air-Veranstaltungen machen muss …

⊿ DENK-ÜBUNGEN III.

ERKENNE DICH SELBST

Treffen sich Erde und Venus. Sagt Venus: Mensch, Erde, du siehst aber schlecht aus. Sagt Erde: Du, ich hab mir Homo sapiens eingefangen. Sagt Venus: Das geht vorbei! Können Sie darüber:

A Lachen   **C** Beides

B Weinen   **D** Keins von beiden

WISSEN ODER MEINUNG?

Die Dauer des Tageslichts ist nach 12 Uhr mittags länger als vor 12 Uhr mittags. Liegt der Mittag also an der falschen Stelle?

A Stimmt – wir gleichen das aber mit der Mittagspause aus

B Stimmt nicht – da wird sich schon wer was bei gedacht haben

C Schreibt man Mittag nicht inzwischen mit 3 t?

D Klugscheißer

IQ-TRAINER

Woher weiß eine Thermoskanne, ob ein Getränk kalt oder warm bleiben muss?

A Ich tu immer nur Heißes rein, die hat sich dran gewöhnt

B Die entscheidet das aus dem Bauch heraus

C Nach Jahreszeit

D Software

DENKSPORT

Der Arzt verschreibt vier Tabletten, jede halbe Stunde soll eine genommen werden. Wie lange braucht man, um alle vier einzunehmen?

(Lösung und Auswertung siehe Seite 219)

IV.

DENK-ANSTÖSSIGES

↘ Es ist paradox. Gerade bei der schönsten Nebensache der Welt führt zu viel Denken nicht immer zum Erfolg. Im Moment des Orgasmus verfällt das Gehirn in eine Art Energiesparmodus. Zumindest das männliche. Die Großhirnrinde wird schlicht und einfach heruntergefahren. Deswegen auch die Redensart: «Das Hirn aus dem Köpf vögeln!» Man kann es drehen und wenden, wie man will, aber Sex ist wohl die einzige Methode, etwas Intelligentes zu erschaffen, ohne dabei zu denken.

Das nächste Kapitel widmet sich ganz und gar dem Thema Zwischenmenschliches. Und auch das Tierreich kommt nicht zu kurz. Wenn es um Partnerschaft geht, unterscheiden sich die Verhaltensweisen vieler Tiere nicht allzu sehr von den unsrigen. Hirsche mit dem größten Geweih haben den größten Erfolg bei den Weibchen. Weil eine üppige Ausstattung signalisiert: «Ich bin gesund und parasitenfrei!» Wenn ein Hahn Darmwürmer hat, dann wird sein Kamm ein wenig blasser, und die Hennen wissen sofort: «Krallen weg, der Typ hat schlechtes Erbgut.»

Übertragen auf uns Männer bedeutet das: Egal, ob wir eine Anwaltskanzlei gründen, unseren Opel Astra tunen oder ein Buch schreiben, letzten Endes wollen wir den Weibchen immer nur signalisieren: «Nimm mich – ich habe keine Darmwürmer!»

Ich finde, nachdem Sie sich durch die ersten drei Kapitel gedacht haben, haben Sie sich jetzt etwas Aufmunterndes verdient …

↘ ALLES NUR DIE HORMONE

Frauen denken mit dem Kopf, Männer mit Testosteron. Lange war das lediglich eine Vermutung der Frauen, jetzt ist diese These wissenschaftlich untersucht worden. Mit dem verblüffenden Ergebnis: Sie stimmt. Doch das eigentlich Erstaunliche an der Sache ist – die Männer haben auch noch Erfolg damit! Zumindest, wenn es um das Thema Aktienhandel geht. In einer Studie der Universität Cambridge konnten die Forscher nachweisen, dass Börsianer mit hohen morgendlichen Testosteronwerten meist höhere Gewinne erzielten als ihre kopfgesteuerten Kollegen. Offenbar ist eine gewisse Selbstüberschätzung und Risikobereitschaft, die das Hormon mit sich bringt, für die Gewinnerwartung von Vorteil. Das wirft eine Reihe von Fragen auf: Dürfen Bankkunden demnächst von ihrem Investmentbroker eine Urinprobe verlangen? Wie könnten entsprechende leistungssteigernde Mittel aussehen? Und ist Testosteron-Doping mit dem hohen ethischen Anspruch des Wertpapiermarktes überhaupt vereinbar? Übrigens: Dieser Zusammenhang wurde nur bei Männern beobachtet. Bei Frauen lösen hohe Testosteronwerte keine erhöhte Risikobereitschaft aus, dafür aber Damenbärte.

Aus wissenschaftlicher Sicht unterscheiden sich männliche und weibliche Verhaltensweisen nur durch ein bisschen Hirnchemie. Treffen Präriewühlmäuse eine potenzielle Partnerin, paaren sie sich mit ihr in einer 40-stündigen orgiastischen Hochzeitsnacht und bleiben danach für den Rest ihres Lebens mit ihr zusammen. Die Bindung an die Mäusin entsteht allerdings nicht durch das stundenlange Gerammel, sondern einzig und alleine durch das Treuehormon Oxytocin, das während der Paarung ausgeschüttet wird. Zum Beweis: Erhöhte man den Oxytocinspiegel der Männchen ohne die vorangegangene sexuelle Ausschweifung, reichte das bereits aus, damit sie bei ihrer Angebeteten blieben. Eine Blockade des Hormons dagegen machte die Männchen – trotz einer phänomenalen Liebesnacht – untreu. Nun überlegen die Forscher, ob sich diese Erkenntnisse auch auf den Menschen übertragen lassen. Man darf gespannt sein …

Zurück zum Testosteron. Auch wenn das einigen Machos jetzt nicht passt, aber zu Beginn seiner Entwicklung ist *jeder* Mensch erst einmal weiblich. Denn der Grundbauplan von Körper und Gehirn, aus der sich beide Geschlechter entwickeln, ist immer der einer Frau. Erst wenn der Fötus acht Wochen alt ist, gibt das männliche Y-Chromosom das Signal zur Testosteronausschüttung, wodurch ein männliches Wesen entsteht. Kaum zu glauben, oder? Sogar John Wayne und Bruce Willis waren in den ersten zwei Monaten ihres Lebens süße, kleine Mädchen! Genau genommen müsste daher auch die Bibel umgeschrieben werden. Wenn überhaupt, stammt Adam aus Evas Rippe.

Einige Hirnforscher glauben sogar, dass eine zu hohe Testosteronkonzentration in der Embryonalphase für das Phänomen Autismus verantwortlich ist. Autisten zeichnen sich durch extrem wenig Einfühlungsvermögen aus, haben aber im Gegenzug oft überragende Fähigkeiten, was Zahlen und Fakten angeht. Genauso wie viele Männer auch: Wir vergessen regelmäßig den Hochzeitstag, aber die Bundesligaergebnisse der letzten dreißig Jahre sind immer auf Abruf. Viele Frauen wussten es schon immer: Männer sind Autisten. In jedem von uns steckt ein kleiner gefühlsblinder Rain Man.

Auf die Frage von ihr: «Woran denkst du gerade?», antworten 90 Prozent aller Männer: «An nichts.» Das hört sich im ersten Moment etwas oberflächlich an, doch schon der Philosoph Georg Wilhelm Friedrich Hegel wusste: «Das Sein, das unbestimmte Unmittelbare ist in der Tat Nichts und nicht mehr noch weniger als Nichts.» So, liebe Frauen. Jetzt wissen Sie's. Etwas platter formuliert: Das reine Nichts zeichnet sich eben genau dadurch aus, dass es sich – nun ja – durch nichts auszeichnet. Wenn Ihr Mann also wieder einmal mit heruntergefahrener Großhirnrinde dümmlich grinsend im Wohnzimmer sitzt, dann könnte es sein, dass er in Wirklichkeit Philosophie auf höchstem Niveau betreibt.

Technisch gesehen ist das so ähnlich wie bei einer Stand-by-Funktion. Die lebenserhaltenden Systeme arbeiten, aber nach außen passiert nichts. Frauen können so etwas nicht. Das ist im Übrigen auch der Grund, weshalb Männer eine geringere Lebenserwartung haben. Jeder Fernsehmonteur kann Ihnen das erklären. Geräte, die immer auf Stand-by stehen, gehen früher kaputt.

Männer können einfach nur dasitzen und an NICHTS denken. Und dieses Phänomen gibt es praktisch in jeder Kultur. Lediglich der gesellschaftliche Stellenwert dieser Männer ist unterschiedlich. In Deutschland bist du ein Lahmarsch – in Tibet Dalai Lama.

Der Grund, weshalb Männer viel weniger von ihren Gefühlen preisgeben als Frauen, liegt in der Evolution. Wenn sich ein Neandertaler-Mann abends beim Lagerfeuer lang und breit über seine Probleme ausgelassen hatte, machte er sich bei seinen Artgenossen angreifbar, wurde bei der erstbesten Gelegenheit von ihnen über den Tisch (respektive über den Stein) gezogen und hat dadurch weniger Weibchen abbekommen. Deswegen, liebe Frauen, haben Sie Nachsicht. In letzter Konsequenz ist der Aufruf, über Gefühle zu reden, für uns Männer die Aufforderung zu einer demütigenden Kapitulation.

WENN WINKEL SPITZ SIND

Auch meiner Ex-Freundin Gudrun war Kommunikation unglaublich wichtig. Ständig lag sie mir in den Ohren: «Vince, wir müssen reden, damit unsere Beziehung reibungsfrei läuft …» Als ob das was bringen würde! Physikalisch gesehen ist Reibungsfreiheit nämlich unmöglich. Gibt's praktisch nur im Weltall. Vermutlich wollte Gudrun mich deswegen auch ganz oft «auf den Mond schießen».

«Wir sind uns doch nicht so ähnlich, wie ich gedacht habe!», hat sie mir schließlich vorgeworfen. Nicht so ähnlich, wie ich gedacht habe!? Was brauche ich eine Freundin, die so ist wie ich? Genau das will man in der Regel ja vermeiden. Ich möchte eine Beziehung führen und nicht Memory spielen!

Natürlich habe ich im Laufe unserer Beziehung auch den einen oder anderen Fehler gemacht. In unserem letzten Urlaub war da zum Beispiel die Sache mit dem Leihwagen: Um ein wenig flexibler zu sein, habe ich uns gleich am ersten Tag einen kleinen Fiat Panda gemietet. Als ich im Vertrag dann den Satz «pro Tag tausend Freikilometer» las, erklärte ich Gudrun mit entschlossener Stimme: «Verschenkt wird nichts! Die tausend Kilometer am Tag schrubben wir gnadenlos runter!» Doch anstatt sich über spannende Autofahrten durch Flora und Fauna zu freuen, setzte sich die damalige Frau meines Herzens tödlich beleidigt auf den Beifahrersitz und schwieg für den Rest unseres Ausflugs.

Gut, ich gebe zu, 14 000 Kilometer auf Teneriffa waren sicherlich auch eine Menge Holz.

Dafür war unser letzter Abend noch sehr schön. Wir saßen ganz alleine am Strand und blickten in die untergehende Sonne. Die Luft roch nach Salz, und ein paar Möwen umkreisten unseren Panda, der mit einem Kolbenfresser liegengeblieben war. Plötzlich sah Gudrun mich fest an und fragte mich flüsternd:

«Sag mal, Vince, willst du eigentlich heiraten?» Ich dachte kurz nach und erwiderte: «Ja, schon. Aber wen?»

Wissenschaftler und Frauen streiten sich erbittert, ob Männer sich nicht so gut in Frauen einfühlen *können* oder ob sie es schlichtweg nicht *wollen*. Howard Carpendale sagte dazu: «Die Gedankenwelt einer Frau ist einem Mann genauso fremd wie das Universum.» Darauf konterte die Sängerin Daliah Lavi: «Wenn Frauen unergründlich erscheinen, liegt es nur am fehlenden Tiefgang der Männer.»

Auch hier lohnt ein kurzer Blick ins Tierreich: Wenn man mehrere männliche Meerschweinchen in einen Käfig setzt, übernimmt nach einiger Zeit eines davon den «weiblichen» Part: Käfig putzen, Betten machen, einkaufen, Geschirr spülen etc. Setzt man kurze Zeit später ein Weibchen in die Transen-WG, nimmt der Transvestit wieder sein ursprüngliches «männliches» Verhalten an und hat sogar die höchsten Chancen, das Weibchen zu begatten. Offensichtlich hat er durch seinen Rollenwechsel gelernt, wie es sich anfühlt, eine Frau zu sein.

Aus evolutionsbiologischer Sicht ist die Existenz des Mannes sowieso sehr fragwürdig. Der eigentliche Sinn der Fortpflanzung besteht lediglich darin, Gene miteinander zu vermischen. Und das könnten die Weibchen untereinander eigentlich viel effektiver. Das männliche Y-Chromosom ist nämlich viel kleiner als das X-Chromosom der Frau und hat mehr oder weniger die einzige Aufgabe, Bartwuchs, Hoden und die Fähigkeit, im Stehen pinkeln zu können, hervorzubringen. Das alleine wäre noch nicht das Problem. Wenn sich jedoch bei einer geschlechtlichen Vermehrung das kleine Y- mit dem großen X-Chromosom vermischt, geht das zwangsläufig auf Kosten des X-Chromosoms. Die Vermischung führt zu einem Informationsverlust. Deshalb treten beispielsweise auch Erscheinungen wie die Bluterkrankheit oder Farbenblindheit auf. Wenn man es also böse ausdrücken will, ist das männliche Y-Chromosom der Blinddarm des menschlichen Erbguts.

Insgeheim ist uns Männern das natürlich durchaus bewusst. Mal ehrlich, Jungs, warum sonst versuchen wir, mit tiefergelegten BMWs, Aktienpaketen und lautstarkem Rumgegröle auf dem Fußballplatz permanent auf uns aufmerksam zu machen? In Wirklichkeit sind das verzweifelte Versuche, unsere Existenz zu rechtfertigen!

Seit Millionen von Jahren mogeln wir uns durch die Evolution, weil es viel einfacher ist, ein Mann zu sein als eine Frau. Klingt banal, ist aber so. Schnecken zum Beispiel sind Zwitterwesen. Bei der Paarung versuchen jedoch beide Parteien, sich gegenseitig den Penis abzunagen, weil keiner den anstrengenden weiblichen Part übernehmen will. Auch viele Fische zeigen ganz ähnliches Verhalten. Bei Aalen bildet sich das Geschlecht erst sehr spät aus. Extrem faule, träge Tiere werden eher männlich, die Energiebündel werden weiblich. Doch den größten Vogel schießen immer noch die männlichen Anglerfische ab. Die führen nämlich ein Leben als Sexualparasit. Wenn ein Anglerfisch auf eine Partnerin trifft, wächst er an ihrem Körper fest und verbindet sich sogar mit dem Blutkreislauf der Gattin. Das – im wahrsten Sinne des Wortes *anhängliche* – Männchen verschmilzt völlig mit dem weiblichen Organismus und verkümmert – bis auf die Hoden! Ich glaube, *das* hat Daliah Lavi garantiert nicht gemeint, als sie das fehlende Einfühlungsvermögen der Männer kritisierte.

Natürlich gibt es durchaus auch Bereiche, in denen sich die Männer wesentlich mehr reinhängen als Frauen, bei Gewaltverbrechen und Raubüberfällen zum Beispiel. Die werden zu 99 Prozent von Männern verübt. Was jedoch keinesfalls bedeu-

186 DENKEN SIE SELBST …

tet, dass Frauen kein kriminelles Potenzial haben. Im Gegenteil. Auf die Frage: «Angenommen, Sie könnten jemanden töten und würden dafür juristisch nicht belangt werden – wüssten Sie, wen Sie umbringen würden?», antworteten nur 20 Prozent aller Männer mit «Ja». Bei den Frauen lag der Anteil bei stolzen 80 Prozent. Das lässt vermuten, dass Frauen ihre aggressiven Gefühle umwandeln und viel intelligenter einsetzen. Männer rauben Banken aus, Frauen plündern das gemeinsame Konto. Oder anders gesagt: Männer bevorzugen den Frontenkrieg, Frauen die Guerillataktik.

↘ FRAUEN ROTIEREN ANDERS

In jedem gängigen IQ-Test gibt es die Aufgabe «Mentales Rotieren». Abstrakte Gegenstände müssen im Kopf gedreht werden. Dabei schneiden Frauen signifikant schlechter ab als Männer. Nun haben Hirnforscher herausgefunden, warum das so ist. Wenn Frauen abstrakte Gegenstände drehen, fragen sie sich intuitiv: «Was könnte das für ein Objekt sein?» Das heißt, die Damen geben der abstrakten Figur eine *Bedeutung*. Und das braucht Rechenzeit. Männer dagegen sagen sich: «Egal, was es ist – ich dreh das Ding einfach!» Frauen brauchen also nicht deswegen länger, weil sie langsamer denken, sondern weil sie *mehr* denken.

Damit ist auch der angeblich schlechtere Orientierungssinn des weiblichen Geschlechts als Mythos entlarvt. Wenn sich ein Mann auf die Suche nach einem ihm fremden Restaurant

MENTALES ROTIEREN
für Anfänger

① Wie sieht der Kreis aus, wenn man
ihn um 180° dreht?

Antwort: ◯

für Fortgeschrittene

② Wie sieht diese Figur von der Seite
betrachtet aus?

Antwort: △

machen soll, blickt er im Geiste von oben auf den Stadtplan und orientiert sich nach Ausgangs- und Endpunkt. Frauen jedoch orientieren sich nach charakteristischen Plätzen und Gebäuden. Dadurch braucht sie zwar etwas länger, weiß aber gleichzeitig, wo ein schicker Dekoladen, zwei coole Bars und zehn Schuhgeschäfte sind. Der Mann dagegen weiß oft noch nicht mal, in welcher Stadt er sich befindet.

Das weibliche Gehirn wiegt zehn bis fünfzehn Prozent weniger als das der Männer. Gerne wurde diese Entdeckung früher von den Männern als Beweis ihrer Überlegenheit gewertet (und es gibt nicht wenige Männer, die das immer noch glauben). Allerdings arbeitet das männliche Gehirn vergleichsweise asymmetrisch: Wenn Männer sprechen, dann ist vor allem die linke Hirnhälfte aktiv. Bei Frauen hingegen arbeiten die rechte und linke Hirnhälfte zusammen. Wahrscheinlich sind Frauen dadurch auch viel leichter in der Lage, unterschiedliche Dinge parallel zu tun. Meine Freundin zum Beispiel kann Musik hören und tanzen. Sogar gleichzeitig! Ein bisschen neidisch bin ich da schon.

Auch beim Sex greifen Frauen auf viel mehr Rechnerleistung zurück als Männer. Im Rahmen einer Sexualstudie schauten Essener Mediziner mit Hilfe der funktionellen Magnetresonanztomographie ihren Versuchsteilnehmern ins Gehirn, während diese erotische Filme sahen. Dabei stellte sich heraus, dass Frauen im Gegensatz zu Männern ein Areal im rechten Stirnhirn aktivierten. Wozu, weiß man bisher noch nicht. Vielleicht denken Frauen ja auch hierbei parallel. Oder sie benötigen das zusätzliche Areal zum Schwindeln. 44 Prozent aller Frauen geben nämlich zu, einen Orgasmus vorzutäuschen. Und spätestens seit dem Film «Harry und Sally» ist bekannt: Dabei sind sie unglaublich clever!

Gründe dafür gibt es einige. Einerseits wissen Frauen ganz genau: Nichts bringt den Mann so aus der Fassung wie die Vorstellung, ein schlechter Liebhaber zu sein. Deshalb antworten sie auf die Frage: «Schatz, wie war ich?», in der Regel auch grundsätzlich mit: «Suuuuper!» Oder wie mir eine gute Bekannte einmal anvertraute: «Lieber vier Minuten stöhnen als vier Stunden darüber reden.»

Ein zweiter Grund, weshalb fast die Hälfte aller Frauen einen Höhepunkt simuliert, liegt nach Ansicht der Wissenschaftler daran, dass fast die Hälfte aller Männer ein Vorspiel simuliert. Ein großes Dilemma. Denn fast nichts findet die Frauenwelt so abtörnend wie mangelndes Einfühlungsvermögen. Kürzlich erst beklagte sich eine gute Bekannte bei mir, dass ihr Mann so selten «Ich liebe dich» zu ihr sagt. Und als ich ihn darauf angesprochen habe, zuckte er verständnislos mit den Schultern und erwiderte: «Du, ich hab's ihr doch einmal bei unserer Hochzeit gesagt, und wenn sich etwas ändert, erfährt sie's sowieso über den Anwalt.»

Kopfschüttelnd gab ich ihm den Tipp, beim nächsten Mal doch etwas romantischer zu reagieren. Denn Frauen lieben Romantik. Liebe Männer, wenn sich die Dame Ihres Herzens das nächste Mal mit verführerischem Blick vor Ihnen auszieht, ist es völlig unpassend, die Kleider nach Koch- und Buntwäsche zu sortieren! Machen Sie stattdessen eine Kerze an. Oder einen Salat. Auch mit einem geistreichen Kompliment liegen Sie nie falsch. Beispielsweise so etwas wie: «Du siehst toll aus. Früher warst du viel moppeliger …»

Der Schriftsteller Curt Goetz bemerkte dazu: «Eine Frau will sich lieber vom Geiste eines Mannes gefangen nehmen lassen als von seinem Körper. Denn schön ist sie selbst.» Da ist eindeutig was dran. Zwar haben wir Männer natürlich auch eine

Anatomie, aber bei Frauen sieht sie eindeutig besser aus. Pablo Picasso oder Bertolt Brecht waren optisch gesehen sicherlich keine Augenweide. Trotzdem hatten sie legendäre Affären, weil sie etwas in der Birne hatten. Einstein hat sich sogar seine Geliebte ins Haus geholt, während die eigene Frau anwesend war. Das muss eine super Zeit gewesen sein, damals.

Inzwischen hat sich auch hier die Emanzipation durchgesetzt. Laut einer Studie, die der Kondomhersteller Durex im Jahr 2004 durchführte, geben 36 Prozent aller befragten Frauen an, ihren Partner schon mal betrogen zu haben. Bei den Männern waren es nur 30 Prozent. Und das, obwohl wir Typen in diesen Dingen eher zur Übertreibung neigen!

Die Gründe für einen Seitensprung jedoch unterscheiden sich bei Frauen und Männern deutlich. Wenn sich Frauen auf eine Affäre einlassen, dann meistens, weil sie glauben, dass ihr Lover in gewisser Weise ihrem Ehemann überlegen ist oder ihn ergänzt. Männer dagegen haben eine Affäre, weil die Frau schlicht und einfach nicht ihre Ehefrau ist.

Selbst bei Tierarten, die eigentlich eine monogame Lebensweise bevorzugen, wird ein erheblicher Teil der Nachkommen per Ehebruch gezeugt. Und wie im menschlichen Leben auch, stellen sich die Weibchen fast immer geschickter dabei an. Normalerweise läuft die Paarung bei Mungos sehr lautstark ab. Wenn sich jedoch ein Mungoweibchen für einen Seitensprung mit einem Männchen entscheidet, verschwindet es mit ihm hinter die Büsche und paart sich, ohne einen Laut von sich zu geben. Frauen können Geheimnisse bewahren, Männer dagegen müssen permanent mit ihren Heldentaten herumprotzen.

Vor einigen Jahren untersuchte eine Forschungsgruppe die Verwandtschaftsverhältnisse einer Gorillagruppe. Lange dachte man, das stärkste, durchsetzungsfähigste Männchen, der Silberrücken, habe das alleinige Recht, alle Weibchen in der Horde zu begatten. Mit Hilfe von Gentests erkannten die Forscher, dass nur etwa 20 Prozent der Nachkommen vom Alphamännchen stammten. Der Grund dafür scheint klar. Während der Silberrücken ständig seine Führungsposition in endlosen Rangkämpfen verteidigen muss, vernachlässigt er zwangsläufig seine ehelichen Pflichten. Der Kampf um die soziale Top-Position ist mit so viel Stress und Zeit verbunden, dass die Weibchen ihrerseits die Konsequenz ziehen und munter mit den rangniederen Kollegen ins Bett gehen, die zwar wenig Status, aber sehr viel Freizeit haben. Dieses Phänomen ist übrigens auch beim Homo sapiens unter dem Namen «Kölner Karneval» bekannt.

Interessanterweise sind fast alle Alphatiere – egal, ob Vorstandsvorsitzender oder Silberrücken – trotzdem davon überzeugt, dass der gesamte Nachwuchs von ihnen stammt. Und das ist auch gut so. Denn Leichtgläubigkeit ist die Schwäche des Mannes, die Stärke der Kinder und das Vergnügen der Frau …

↘ 37 PROZENT SCHLAGEN «EX-UND-HOPP»

Meine Oma hat immer gesagt: Beziehung ist der Zeitraum im Leben, bis etwas Besseres auftaucht. Und die Forschung gibt meiner Oma recht. Dass in Deutschland 33 Prozent aller Ehen geschieden werden, liegt im Wesentlichen daran, dass sie vorher geschlossen worden sind. Trotzdem heiraten so viele Menschen. Immer wieder, manche sogar mehrmals. Vielleicht, weil sie auf dem Standesamt nur eine einfache Entscheidungsfrage gestellt bekommen: «Willst du …?» Und da sagt man schnell mal: «Och … – ja.» Würde der Standesbeamte dagegen die simple Ergänzungsfrage «Warum eigentlich?» stellen, kämen einige Kandidaten mit Sicherheit ganz schön ins Schwitzen.

Das vielleicht stärkste Argument für die Schließung einer Ehe ist eine erhöhte Lebenserwartung – allerdings nur für das männliche Geschlecht. Für einen siebzigjährigen Mann ist eine Stunde lang unverheiratet zu sein in etwa genauso gefährlich, wie eine Stunde lang Motorrad zu fahren.

Unverheiratete Frauen dagegen werden paradoxerweise steinalt. Der Grund dafür liegt möglicherweise in der unterschiedlichen Lebensweise von Männern und Frauen. Alleinstehende Männer führen tendenziell einen ungesünderen Lebenswandel als alleinstehende Frauen. Frauen interessieren sich eher für Kultur – Männer eher für die Wirtschaft. In einer Beziehung jedoch gleichen sich beide an. Dadurch lebt der Mann gesünder und länger, für die Frau wird die Sache allerdings in der Regel anstrengender. Loki Schmidt sagte einmal sinngemäß über ihren Gatten, den Altbundeskanzler Helmut Schmidt: «Mein Mann lebt nur deswegen noch, weil ich ihm immer Äpfel hinstelle und Karotten koche.» Salopp gesagt: Verheiratete Männer leben länger, den Frauen kommt es nur so vor.

Deswegen werden wahrscheinlich auch die meisten Scheidungen von Frauen eingereicht. Die wollen einfach noch ein paar Jährchen rausholen!

Einer Umfrage zufolge sagt sich bereits nach vier Jahren Ehe die Hälfte aller Frauen insgeheim: «Den tät ich nicht mehr nehmen! Sobald ein Besserer kommt, bin ich weg.» Die dazugehörigen Männer sagen interessanterweise genau das Gegenteil: «Alles bestens. Die wohnt ja eh' noch da.» Dass die nur deswegen noch da wohnt, weil die Marktsituation so schlecht ist, kriegt der Mann also gar nicht mit.

Falls Sie sich übrigens gerade in einer eheähnlichen Lebensgemeinschaft befinden, können Sie mit Hilfe einer relativ einfachen mathematischen Formel ausrechnen, wie lange Ihre Beziehung noch hält. Kein Witz. Der Mathematiker James Murray und der Psychologe John Gottmann haben auf der Basis einer Studie mit siebenhundert Paaren eine Beziehungsformel entwickelt. Die einzig relevante Information, die die Forscher dafür brauchten, war die Art und Weise, wie Eheleute mit einem Konflikt umgehen. Dazu wurden sie gemeinsam zu Themen wie Sex, Kindererziehung oder Geld interviewt. Dabei beobachteten die Versuchsleiter, wie das Paar bei Meinungsverschiedenheiten reagiert. Wird die Meinung des anderen eher toleriert oder eher geringgeschätzt? Findet das Paar Kompromisse, oder beharren beide auf ihrem Standpunkt? Nach nur fünfzehn Minuten Gespräch bestimmten die Wissenschaftler aus den Reaktionen des Paares eine Variable, mit der sie dann die Ehedauer berechneten. Und zwar mit einer Wahrscheinlichkeit von 94 Prozent genau! Ist das nicht irre? Eine klitzekleine Viertelstunde reicht aus, um zu erkennen, ob sich zwei Menschen ihr ganzes Leben versauen.

Kommt es aber tatsächlich zu einer Trennung, gehen die Damen besser mit der neuen Situation um als die Herren. Kürzlich belauschte ich in einem Restaurant ein Gespräch von zwei attraktiven Frauen um die 35, die sich anscheinend frisch getrennt hatten. Fröhlich kichernd sagte plötzlich die eine: «Du, was mir gerade einfällt: Ich habe überhaupt kein Foto von meiner Scheidung …»

So bizarr es klingt, aber rund um das Thema Trennung entwickelt sich zurzeit ein regelrechter Markt. Schon heute werden in mehreren deutschen Großstädten gutbesuchte Scheidungspartys ausgerichtet. Ein australisches Magazin schrieb sogar vor einigen Monaten einen Wettbewerb aus, bei dem der Hauptgewinn eine kostenlose Scheidung war. Und letzte Woche steckte mir ein befreundeter Familienanwalt seine neudesignte Visitenkarte zu: ein längliches Papier, auf dem links und rechts sein Name stand. Dazwischen war es fein säuberlich perforiert.

Nun sollte man meinen, dass die betreffenden Personen nach einer gescheiterten Beziehung aus Schaden klug wurden. Doch weit gefehlt. Egal, ob Männlein oder Weiblein – der überwiegende Teil tappt nach mehr oder weniger kurzer Dauer wie ein Gimpel in die nächste Beziehungsfalle. Und wenn's ganz schlimm kommt, mit genau dem gleichen Partnertyp. Die Psychologie bezeichnet dieses Phänomen als das *Joschka-Fischer-Syndrom*.

Das zeigt: Liebe ist die Illusion des Mannes, dass die Frau anders sei als alle anderen. Ein Satz, den auch die Neuropsychologie bestätigt. Nüchtern betrachtet ist die romantische Verliebtheit nämlich nichts anderes als eine chemisch induzierte Form von Geisteskrankheit. Davon ist zumindest der Londoner Psychologe Frank Tallis überzeugt. Wie Tallis im Fachjournal «The Psychologist» argumentiert, sollte die «Liebeskrankheit» als ernsthafte Erkrankung anerkannt werden, schließlich handele es sich dabei um einen eindeutig diagnostizierbaren zeitweiligen Wahnsinn mit allen üblichen Symptomen: eingeschränkter Wahrnehmungsfähigkeit, Appetitlosigkeit, Schlafstörungen, sexueller Hyperaktivität, extremer Selbstüberschätzung. Ein Zustand, der mehrere Monate anhalten kann (bei Leuten wie Robbie Williams auch mal ein ganzes Leben).

Ziel dieses verblüffenden Ausnahmezustands ist – so absurd

es klingen mag – die Erhaltung der menschlichen Art. Denn wenn man verrückt nach einem Menschen ist, dann ist man im Zweifelsfall auch bereit, so schnell wie möglich mit ihm Kinder in die Welt zu setzen. Spätestens dann fangen die Probleme an. Denn nach etwa eineinhalb Jahren pegelt sich die Gehirnchemie wieder auf den Normalzustand ein, und man erkennt zu seinem Entsetzen, dass man mit einer unsympathischen Frau und einem schreienden Balg in einem hässlichen Reihenhaus in Bruchköbel lebt. Ein wenig Angst macht das schon. Anscheinend sind wir vollkommen unseren Gefühlen ausgeliefert.

Glücklicherweise bietet die Mathematik eine bequeme Lösung an, die Liebe unseres Lebens zu finden. In den achtziger Jahren haben sich Mathematiker mit der Frage beschäftigt: «Wie findet man unter n verschiedenen Objekten möglichst effizient das Beste?» (Dem Mathematiker ist es im Allgemeinen egal, ob es sich bei den «n Objekten» um Männer, Frühstücksflocken oder Atomsprengköpfe handelt. Der Frau im Allgemeinen nicht.)

Normalerweise geht die Frau bei der Partnerwahl nach der «Ex-und-hopp-Methode» vor.

Sie entscheidet bei jedem Typen nach mehr oder weniger kurzer Zeit: Traummann oder Albtraum? Volltreffer oder Vollidiot?*

Mathematisch gesehen ein großer Fehler. Viel effektiver nämlich ist die «37-Prozent-Methode»:

- Machen Sie eine Liste von allen möglichen, in Frage kommenden Kandidaten. (Zur Vereinfachung nehmen wir an, Sie bekommen irgendwie hundert Männer zusammen.)
- Nun testen Sie wahllos 37 Prozent dieser Männer mit einem Testverfahren Ihrer Wahl (Essen gehen, Kinobesuch, Geschlechtsverkehr o. Ä.), nehmen aber *keinen* davon, selbst

wenn Brad Pitt oder George Clooney dabei ist. (Hinweis für Lehrer: 37 Prozent von 100 sind genau 37.)

- Jetzt führen Sie Ihr Testverfahren mit den restlichen Männern (für die Lehrer: 100 − 37 = 63) fort und nehmen den *ersten*, der besser ist als die bisherigen.

Herzlichen Glückwunsch: das isser! Ihr Traummann. Zumindest mit der maximal möglichen Erfolgsquote. Einen besseren kriegen Sie mit keinem anderen Verfahren. Schlechtere dagegen gibt's Unmengen.

Und wenn Ihnen diese Regel jetzt zu theoretisch erscheint, dann formuliere ich sie etwas praxisnäher: Probieren Sie zu wenige aus, fehlt Ihnen die Erfahrung und Sie fallen auf eine Dumpfbacke rein. Probieren Sie dagegen jeden durch, sehen Sie schon bald den Wald vor lauter Bäumen nicht mehr. Das Geheimnis liegt also irgendwo dazwischen – und zwar genau bei 37 Prozent. Viel Spaß beim Ausprobieren!

---

* *«Ja, und wie entscheidet sich der Mann?» fragen sich jetzt sicher einige. Banale Antwort: Jeder Mann verfällt der irrigen Ansicht, aktiv eine Partnerin zu wählen. In letzter Konsequenz ist es jedoch IMMER die Frau, die die Entscheidung trifft. Das ist jetzt zwar ziemlich unwissenschaftlich, aber entspricht meiner jahrelangen persönlichen Erfahrung.*

↘ WAS HABEN FRAUEN UND MAGNETFELDER GEMEINSAM?

Schon vor über hundert Jahren scherzte der Schriftsteller Aldous Huxley: «Ein Intellektueller ist ein Mensch, der etwas Interessanteres als Sex entdeckt hat.» Diese Behauptung wurde jetzt von zwei US-Studien eindeutig bestätigt. Wenn es um körperliche Genüsse geht, schauen die Schlauen dumm aus der Wäsche. Und das macht sich besonders bei männlichen Naturwissenschaftlern bemerkbar. Während bei amerikanischen Kunstgeschichtestudenten der Anteil der sexuell Unerfahrenen bei mickrigen 20 Prozent lag, waren es unter den Biologen 72 Prozent. Bei Mathematikern lag der Anteil der Jungmänner sogar bei 83 Prozent!

Ursache ist unser ausgeprägter Kapiertrieb. Jedes Mal, wenn wir etwas verstehen, lobt uns unser Gehirn, indem es das Glückshormon Dopamin ausschüttet. Auf die Frage «Wie war ich?» antwortet unser Belohnungssystem mit einer Dosis körpereigenem Opiat. Diese Reaktion entstand in der grauen Vorgeschichte der Menschheit und läuft vermutlich in demselben Gehirnareal ab, in dem auch das Sexualzentrum angesiedelt ist. Dadurch wird vieles klar. Der Kunstgeschichtestudent fasst die Kurven einer Frau an, der Mathematikstudent dagegen führt eine Kurvendiskussion durch. Ob bewiesene Männlichkeit oder Quantentheorie – dem Gehirn ist das schlicht und einfach wurscht.

Wahrscheinlich haben deswegen auch so viele große Wissenschaftler mit Frauen nicht viel am Hut gehabt. Isaac Newton näherte sich nie einer Frau, weil er der Meinung war: «Der Weg zur Keuschheit bedeutet, nicht mit zügellosen Gedanken zu kämpfen, sondern diese Gedanken durch Lesen oder Meditieren über andere Dinge abzuwenden.»

Auch der nimmermüde Forscher Alexander von Humboldt hatte für das weibliche Geschlecht wenig Zeit, genauso der französische Mikrobiologe Luis Pasteur. Letzterer interessierte sich stattdessen für Bakterien. Und die vermehren sich ungeschlechtlich.

Natürlich gibt es auch vollkommen andere Erklärungsmodelle für die sexuelle Abstinenz von Physikern, Informatikern und Mathematikern. Machen wir uns nichts vor: Vergleicht man Natur- mit Geisteswissenschaftlern, so sind Erstere im Allgemeinen nicht unbedingt als große Womanizer bekannt. Das hängt oft schon mit dem Äußeren zusammen.

Schaut man sich an der Uni um, wird schnell klar: Ein gutangezogener Physiker ist praktisch ein Messfehler. Aber im Labor gelten eben andere optische Gesetze: Wer sich nächtelang bei gedimmtem Laserlicht über die Größe des Universums Gedanken macht, dem ist die eigene Konfektionsgröße eben relativ egal. In der Regel trägt man leger geschnittene Karopullis in gedecktem Grau-Schlamm-Ocker. Dazu eine Cordhose in der Komplementärfarbe, hellbraune Birkenstock und farblich passende, also weiße Tennissocken. Fällt die Außentemperatur auf unter 28 Grad, holt der modebewusste Quantenmechaniker ein weiteres Kleinod aus seinem Schrank: den wattierten Ski-Anorak. *Das* Fashion-Accessoire der Experimentalphysik. Frech abgesteppt aus atmungsaktivem Mischgewebe, meist 90 Prozent Polyäthylen mit einem zehnprozentigen Teflonanteil. Was unter anderem den großen Vorteil hat, dass man mit einem solchen Anorak problemlos in die Erdatmosphäre eintauchen könnte, ohne zu verglühen.

Ein weiterer erotischer Hemmschuh des Naturwissenschaft-

FRIDAY
July 25

EJAKULATIONSGESCHWINDIGKEIT DES MANNES

mit h_{max} = 30cm (Selbstversuch)

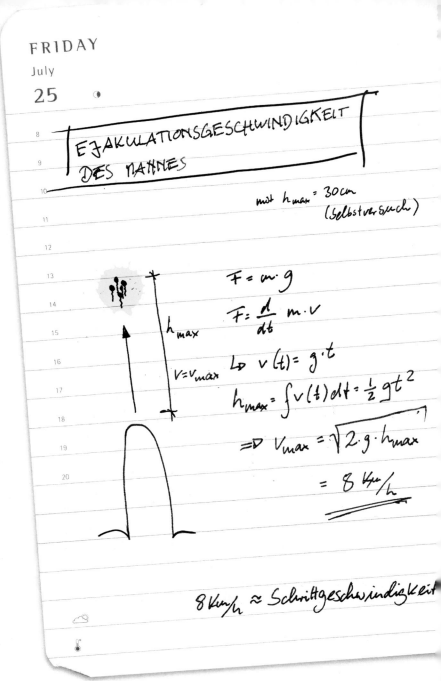

$$F = m \cdot g$$

$$F = \frac{d}{dt} m \cdot v$$

$$\hookrightarrow v(t) = g \cdot t$$

$$h_{max} = \int v(t) \, dt = \frac{1}{2} g t^2$$

$$\Rightarrow v_{max} = \sqrt{2 \cdot g \cdot h_{max}}$$

$$= 8 \, \text{km/h}$$

8 km/h ≈ Schrittgeschwindigkeit

lers ist zweifellos sein tendenziell zurückhaltendes Wesen. Der Geisteswissenschaftler philosophiert nächtelang mit den Damen im schwarzen Rollkragenpulli und bei schwerem Rotwein über Himmel und Hölle. In der Welt der Quarks und Moleküle ist das ganz anders. Dort unterscheidet sich ein extrovertierter Physiker von einem introvertierten, indem er im Gespräch mit einer Frau nicht auf seine, sondern auf *ihre* Schuhe guckt.

Eine aktuelle Studie zeigt, dass die analytische Intelligenz tatsächlich die soziale und kommunikative Kompetenz schmälern kann. Der Forscher Simon Baron-Cohen beschäftigt sich vor allem mit Autismus, einer schweren Beziehungs- und Kommunikationsstörung, bei der die betroffene Person ganz in sich selbst zurückgezogen lebt. Er fand heraus, dass Kinder, deren Väter und Großväter in einem naturwissenschaftlichen Beruf arbeiteten, der analytische Fähigkeiten voraussetzt, häufiger autistisch veranlagt sind als der Durchschnitt. Der Forscher geht sogar davon aus, dass die Begabung für analytisches Denken und eine gewisse «soziale Inkompetenz» genetisch verknüpft sind. Als 1864 der Chemiker Adolf von Baeyer die Barbiturate entdeckt hat, hat er sie nach seiner Frau *Barbara* benannt. Das ist alles andere als charmant, denn Barbiturate sind Schlaf- und Narkosemittel. Der sicherste Weg ins Koma.

Unglücklicherweise kompensieren einige Naturwissenschaftler ihre Unsicherheit dem weiblichen Geschlecht gegenüber mit einem offen zur Schau gestellten Chauvinismus. Der spanische Physiologe Santiago Ramon y Cajal schrieb dazu: «Wie viele bedeutende Werke sind wegen der Selbstsucht einer jungen Frau unterbrochen worden. Wie viele Berufungen wurden durch Selbstgefälligkeit und Eigensinn eines Weibes schon vereitelt. Wie viele Professoren haben sich unter dem Drucke des ehelichen Joches in gewöhnliche goldsüchtige Personen verwandeln müssen und sind durch die unstillbare Sucht nach Würden und Belohnungen erniedrigt und zur Unfruchtbarkeit verurteilt worden.»

Mein alter Elektrodynamik-Professor fragte in seiner Vorlesung einmal provokativ in die Runde: «Was haben Frauen und Magnetfelder gemeinsam? Beide lenken ab und verrichten keine Arbeit.» Ein geschmackloser, unpassender Witz, der auf einen hormonellen Ausnahmezustand hinweist. Denn in der Physik herrscht chronischer Frauenmangel. In meinem Semester kamen auf 182 Männer ganze VIER Frauen. Und von denen waren gerade mal zwei als solche erkennbar. Dementsprechend spritzig liefen auch unsere Semesterpartys ab. 182 Jungs drucksten um vier Mädels herum und diskutierten über Reibungskräfte und angeregte Zustände. Wenn die Stimmung dann so richtig auf dem Siedepunkt war – so gegen acht, halb neun –, trank man sein Clausthaler aus und schaute nochmal auf zwei, drei Stündchen ins Labor.

Natürlich gibt es auch Ausnahmen. Mein Mitbewohner Ralf war der Frauenexperte in unserem Semester. Wenn der eine Frau zur Ekstase treiben wollte, dimmte er das Licht und las ihr aus einem Physikbuch vor. «Da gibt es gleichschenklige Dreiecke, spitze Winkel und Potenzreihen mit komplexen Gliedern. Systeme werden durch äußere Stimulanz in angeregte Zustände versetzt, danach kommt es zu spontanen Entladungen. Eindeutiger geht es doch kaum!», schwelgt Rolf. «Und wenn ein Weißer Zwerg zu einem Roten Riesen anschwillt, um später von einem Schwarzen Loch geschluckt zu werden, dann klingt das nicht wie Astronomie I, sondern wie Emmanuelle III!»

Sexualität hat sehr viel mehr mit Physik zu tun, als man glaubt. Die männliche Erektion beispielsweise ist physikalisch gesehen nichts anderes als angewandte Hydrostatik. Das Blut schießt ein, die Arterien erweitern sich, drücken auf die Venen und verhindern so, dass das Blut wieder abfließen kann. Der hydrostatische Druck hält das Ding aufrecht. Das ist genauso wie bei einem Gartenschlauch auch.

Oder die Fortbewegung der männlichen Spermien im weiblichen Zervixschleim. Physikalisch gesehen ein höchst spannender Vorgang. Der bewegliche Schwanz des Spermiums, das sogenannte Flagellum, vollführt eine zweidimensionale, sinusförmige Wellenbewegung, wodurch eine Kraft senkrecht dazu entsteht. Die Fortbewegung der Samenzellen in der Gebärmutter erfolgt also durch viskose Dämpfung bei niedrigen Reynoldszahlen.

Ich habe früher in diversen Rendezvous immer wieder versucht, die Frauen auf diese hochinteressanten Phänomene aufmerksam zu machen. Leider ohne Erfolg. Dabei stehen Frauen doch angeblich auf kluge, intelligente Männer!

Vor einiger Zeit lernte ich auf einer Party eine Frau kennen, wir kamen schnell ins Gespräch. Und als ich ihr die Grundzüge der Quantenfeldtheorie erklärt habe, nahm sie auf einmal meinen Kopf zwischen ihre Hände und küsste mich. Wow! So etwas war mir noch nie passiert. Wild knutschend vergaßen wir Zeit und Raum. Doch als sie mir ins Ohr flüsterte, ob wir nicht vielleicht zu ihr nach Hause gehen wollen, hörte ich mich plötzlich sagen: «Du, das ist nett gemeint, aber der Rest ist trivial, den kannst du dir als Übungsaufgabe selber herleiten …»

Als ich kurze Zeit später frustriert und alleine nach Hause ging, erinnerte ich mich an die Worte meiner Oma, die sie mir vor langer Zeit mit auf den Weg gab: «Bub, du kannst noch so 'n helles Köpfchen sein, aber die schönsten Momente hat man immer noch im Dunkeln.»

⬄ INTERESSE AN 'NER WURMKUR, BABY?

Es klingt unglaublich, aber die ersten zweieinhalb Milliarden Jahre haben sich praktisch alle Lebewesen auf unserem Planeten nicht durch Geschlechtsverkehr, sondern mittels Selbstbefruchtung vermehrt. Das machte zwar deutlich weniger Spaß, war aber bei genauerem Hinsehen eine ziemlich coole Zeit ohne lästiges Anbaggern, Herpes, Scheidungsanwälte und den ganzen Beziehungsstress. Das ist im Übrigen auch der Grund, weshalb asexuelle Organismen keine aufwendigen Mittel zur Partnerwerbung benötigen: keine bunten Federn, kein Geweih und keine klobigen Geländewagen. Wer keinen Sex haben kann, muss sich auch in Sachen Umwerbungsstrategien nicht groß ins Zeug legen. Die Zeit, die sexuelle Lebewesen in all diese Dinge investieren, nutzen asexuelle Organismen im Wesentlichen zur Nahrungsaufnahme. Nicht umsonst sind Klosterküchen seit jeher für kulinarischen Hochgenuss berühmt.

Was jedoch die geistige und kulturelle Entwicklung anging, traten Selbstbefruchter schon immer ein wenig auf der Stelle. Nach zweieinhalb Milliarden Jahren war das klügste Lebewesen auf der Erde gerade mal eine Qualle. Und die ist, um es vorsichtig zu formulieren, nicht unbedingt für ihren hohen IQ bekannt. Von ihrem Äußeren ganz zu schweigen. Sexlose Tiere sind entweder vollkommen schlabberig wie Seegurken oder extrem zwergwüchsig wie Bakterien oder Blattläuse.

Diese körperlichen Defizite haben wohl irgendwann auch mal Mutter Natur genervt, weshalb sie vor etwa einer Milliarde Jahren flächendeckend die freie Liebe eingeführt hat. Und auf einmal kam richtig Bewegung in die Sache. Plötzlich sind innerhalb von kürzester Zeit unglaublich viele Arten entstanden.

Bizarre, hochkreative Lebensformen. So ähnlich wie damals in den sechziger Jahren in England, als plötzlich die Beatles, die Stones, The WHO und die Kinks aufgetaucht sind (auch da war Sexualität die eigentliche Triebfeder).

Interessanterweise hat sich der Sex nicht etwa deswegen entwickelt, damit wir Spaß haben oder uns über die intellektuellen Defizite von Quallen lustig machen können, sondern zur Abwehr von Parasiten.

Um zu überleben, müssen sich Lebewesen rasch verändern. Ständig greifen Armeen von Bakterien, Viren und Würmer alles an, was kreucht und fleucht. Treffen diese nun auf eine Monokultur sich selbst befruchtender Wesen, die alle die gleiche Schwachstelle haben, vernichten die Krankheitserreger in Windeseile die gesamte Population.

Bei der sexuellen Fortpflanzung mixen sich hingegen die männlichen und weiblichen Gene, und das Immunsystem ändert sich. Folglich findet der Parasit jedes Mal andere Voraussetzungen vor. Aber wer zieht schon gerne um? Die Faulen schon mal gar nicht. Und jeder weiß aus eigener Erfahrung: Schmarotzer fühlen sich immer dann am wohlsten, wenn alles so bleibt, wie es ist.

Einige Selbstbefruchter, wie z. B. Schnecken, lösen das Problem, indem sie bei Parasitenbefall blitzartig auf Sex umschalten. So ein Schneckerich macht also die Schnecke nicht deswegen an, weil sie so ein scharfes Luder ist, sondern weil er die Krätze loswerden will!

Im Endeffekt ist Sex also nichts anderes, als eine effektive Abwehrstrategie gegen Würmer und krankheitserregende Mikroorganismen. Ein Aspekt, der bei der Partnerwerbung viel zu wenig Beachtung findet. Statt so unorigineller Anmachsprüche wie: «Kann ich vielleicht noch auf 'n Kaffee mit nach oben kommen?», versuchen Sie es beim nächsten Date lieber mal mit: «Sag mal, hättest du Interesse, mit mir eine kleine Wurmkur zu machen?» Glauben Sie mir, bei Mikrobiologinnen schlägt dieser Satz ein wie eine Bombe.

Auch wenn es schmerzt, bei intensiverer Betrachtung verliert die Sexualität jegliche Form von Romantik. Es reicht schon aus, wenn man sich mal vorstellt, was bei der Befruchtung vor sich geht. Hätte beispielsweise das männliche Sperma die Größe eines Pottwals, betrüge seine Reisegeschwindigkeit etwa 24 000 km/h. Und jetzt stellen Sie sich 300 Millionen blinde und zum Äußersten entschlossene Pottwale vor, die von der japanischen Pazifikküste losschwimmen und nach 45 Minuten in den amerikanischen Gewässern ankommen. Dagegen war Pearl Harbor ein Kindergeburtstag.

Sex hat viel mehr mit Krieg als mit Liebe zu tun. Selbst Pflanzen haben es da faustdick hinter den Blättern. Der Venusschuh ist eine südostasiasche Orchideenart, der es auf wirklich dreiste Weise mit den Schwebfliegen treibt. Für die Schwebfliege gibt es nichts Tolleres als das Sekret, das die Blattlaus ausscheidet, den sogenannten Honigtau. Und das weiß der Venusschuh, woher auch immer. Um nun einen nützlichen Idioten zu finden, der seine Pollen weiterträgt, bildet diese Orchideenart eine grünliche Ausbeulung, umgeben von weißen Tupfern, die haargenau so aussieht wie eine Blattlaus, die Honigtau schwitzt. Die Schwebfliege, die nicht unbedingt zu den Akademikern unter den Insekten zählt, stürzt sich tumb und hungrig auf das Imitat und damit in die Tasche des Venusschuhs. Denn der Landeplatz ist fieserweise so konstruiert, dass die Schwebfliege beim Betreten automatisch straucheln muss. Die Fliege fällt also im wahrsten Sinne des Wortes auf die Pflanze rein. Um dort wieder herauszukommen, muss sie sich mühsam an den Sexualorganen der Pflanze vorbeikämpfen, die währenddessen genüsslich ihre Pollen auf dem unglücklichen Insekt ablegt. Die Fliege wiederum ist blöd genug, um kurze Zeit später wieder auf einen Venusschuh reinzufallen.

Und was bleibt unterm Strich? Die Orchidee hat mit Hilfe ihrer scharfen Kurven ihre Zukunft gesichert, die Fliege eine Menge Stress und nicht mal Honigtau als Belohnung. Gut, dass so etwas beim Menschen undenkbar ist.

↘ VIERZIG IST DOCH KEIN ALTER

Neulich wachte ich auf und habe mit Schrecken realisiert, dass ich dieses Jahr vierzig geworden bin. Ein komisches Gefühl. Man weiß nicht so recht, ob die besten Jahre noch kommen oder schon vorbei sind. Eine Freundin lächelte mich an: «Vierzig – das ist doch kein Alter!» Klar, für einen Baum natürlich nicht …

Umfragen zufolge geben die meisten Menschen an, der größte Nachteil am Älterwerden sei das Gefühl, dass die Zeit immer schneller vergehe. Ich kenne das. Wenn ich früher einen Bekannten getroffen habe, fragte ich: «Wie geht's?» Heute dagegen sage ich nur: «Wie läuft's denn so?»

Ständig wird man mit seinem Alter konfrontiert. Mittlerweile passiert es mir immer häufiger, dass ich von irgendwelchen wildfremden Zwanzigjährigen einfach so *gesiezt* werde. Eine bodenlose Frechheit. Neulich in der U-Bahn hat mir ein junges Mädchen sogar ihren Sitzplatz angeboten. Was ist nur mit unserer Jugend los? Keinen Respekt mehr vor dem Alter.

207   DENKANSTÖSSIGES

Andererseits ist vierzig zu sein natürlich auch ein toller Lebensabschnitt. Denn es gibt viele Dinge, die macht man erst, wenn man eine gewisse Reife erreicht hat: Jazz hören, Golf spielen oder auch zum Urologen gehen.

Nebenbei bemerkt ist «alt sein» sowieso ein sehr relativer Begriff. MTV-Moderatoren sind mit Mitte zwanzig schon ein Auslaufmodell, Politiker dagegen gehören sogar mit Ende fünfzig noch zu den jungen Wilden. Von kubanischen Diktatoren und Päpsten gar nicht zu sprechen.

Außerdem wird unsere Gesellschaft sowieso immer älter. Amerikanische Wissenschaftler haben herausgefunden, dass die große Mehrheit der heute 42-Jährigen im Jahr 2030 schon 64 ist. Irgendwie macht das Mut.

Deswegen hat die Bundesregierung ja auch die Rente mit 67 eingeführt. Demographisch gesehen ist das auf jeden Fall sinnvoll. Unsere Nachbarländer machen es uns schon lange vor. In Großbritannien ist es seit jeher gang und gäbe, dass Männer bis ins hohe Alter noch auf Montage müssen: Elton John, Rod Stewart oder die Stones. Die touren nicht zum Spaß, die sind auf Altersteilzeit.

Wir in Deutschland dagegen maulen. Dabei belegen unabhängige Studien eindeutig, dass die Menschen immer dann am zufriedensten sind, wenn sie arbeiten. Außer vielleicht Lehrer oder Kamikazepiloten (was in manchen Schulen auf das Gleiche hinausläuft).

Dabei waren früher die Verhältnisse noch viel extremer. Als Otto von Bismarck vor etwa hundertzehn Jahren die gesetzliche Altersrente einführte, lag das Renteneintrittsalter noch bei siebzig Jahren, die damalige Lebenserwartung allerdings bei vierzig Jahren. Deswegen war die Rente zu Ottos Zeiten auch relativ gut finanzierbar. Doch die steigende Lebenserwartung fällt

SPANNUNG UNTER ELEMENTARTEILCHEN

Sei doch nicht immer
so negativ!

PROTON   ELEKTRON

dem alten Bismarck heimtückisch in den Rücken und plündert unsere Rentenkassen. Denn die Alten werden nicht nur immer älter, sondern bleiben auch noch fit dabei.

Dabei gibt es evolutionsbiologisch eigentlich überhaupt keinen Grund, den Menschen so alt werden zu lassen. Für den Menschen natürlich schon. Jeder, der ein wenig Lebenserfahrung hat, der weiß: Wir jammern zwar über das Leben, aber sterben tun wir mindestens genauso ungern.

Warum also werden wir Menschen so alt? Oder anders gefragt: Warum altern Eintagsfliegen, Guppys oder Hamster so rapide, während Grönlandwale, Schildkröten oder Keith Richards scheinbar ewig leben? Der Grund: Steht ein Lebewesen an der Spitze der Nahrungskette, macht ein innerer Reparaturmechanismus durchaus Sinn. Für ein Beutetier dagegen lohnt es sich nicht, Energie für eine stabile Gesundheit zu verschwenden. Logisch. Denn für eine Eintagsfliege könnte jeder Tag der letzte sein.

Trotzdem hadern viele mit zunehmendem Alter mit ihrem Leben. Statistiker wissen: In Deutschland gibt es einen signifikant starken Anstieg der schlechten Laune in der Altersgruppe über vierzig. Vielleicht, weil im Alter so viele Entscheidungen auf einen zukommen. Aktien- oder Immobilienfonds? Stadtwohnung oder Häuschen im Grünen? Kukident oder Corega-Tabs?

Früher war das Leben noch einfacher. Nicht leichter, einfacher. Noch vor zweihundert Jahren sind die Leute mit fünfunddreißig gestorben, da musste man sich nicht groß über Riester-Rente, Treppenlifts oder Dauerkatheter Gedanken machen. Damals war das Leben so ähnlich wie das vom Marlboro-Mann: aufstehen, ausreiten, arbeiten, heimkommen, ins Lagerfeuer schauen – fertig.

Und heute blickt man auf sein Leben und stellt sich dieselben Fragen wie bei einem Computer: «Fahr ich runter? Starte ich neu? Oder melde ich mich mit einem anderen Namen an?» Nachvollziehbar ist das. Denn mit der Selbstverwirklichung ist es so ähnlich wie mit einer Tüte Chips. Man kann extrem schlecht mittendrin aufhören.

Wir leben eben in einem hochkomplizierten Zeitalter, und das verunsichert. Wenn Sie bei Google das Wort «Einfachheit» eingeben, bekommen Sie 1 320 000 Treffer. Das muss einen ja verwirren. Alles ist so unübersichtlich geworden. In den Neunzigern sang Wolf Biermann: «Nur wer sich ändert, bleibt sich treu.» Zur gleichen Zeit sang eine Frau in der Werbung: «Ich will so bleiben, wie ich bin.» Ja, was denn jetzt?

Daher ist es nicht verwunderlich, dass in diesem Land die Ratgeberbranche boomt. Tausende von Experten geben Tipps und Tricks für ein glückliches Leben. Für jedes Problem gibt es Selbsthilfebücher. In ihrem Ratgeber «Life Coach» gibt die Autorin Fiona Harrold sogar Tipps zum Thema «Finding a passion». So weit ist es gekommen. Wir sind die erste Generation, die selbst nicht weiß, welche Leidenschaften sie hat.

Sicherlich sind all das Luxusprobleme. Trotzdem zahlen wir einen hohen Preis dafür, dass wir relativ sorglos alt werden. Und dieser Preis heißt Orientierungslosigkeit: Weil wir nicht wissen, was wir haben, fragen wir uns immer wieder, was uns fehlt.

⌐ DENK-ÜBUNGEN IV.

ERKENNE DICH SELBST

Wenn Sie dieses Buch verschenken, denken Sie:

A Das gönn ich dem
B Sonst kommt das nie auf die Bestsellerliste
C Dieses Buch hat mein ganzes Leben verändert
D Der ist so wie der Mario Barth, nur anders.
   Nicht so politisch

WISSEN ODER MEINUNG?

Schwer genug zu sagen, was Liebe ist. Aber was denken Sie, ist das Gegenteil von Liebe?

A Hass   **C** Behalt ich für mich
B Gleichgültigkeit   **D** Nur die Liebe zählt

EQ-TRAINER

Wenn eine Frau zu Ihnen sagt: «Ich brauch noch fünf Minuten» – was, denken Sie, könnten Sie in der Zwischenzeit erledigen:

A Hände waschen
B Haare waschen
C Auto waschen
D Apfelbaum pflanzen und ernten

DENKSPORT

Was ist das: Tagsüber sitzt man drauf, nachts schläft man drin, und morgens putzt man sich damit die Zähne? *(Lösung und Auswertung siehe Seite 219)*

⬂ NACH – DENKEN

Als ich 1987 begann, Physik zu studieren, hatte ich die gleiche Motivation wie Goethes Faust: Ich wollte wissen, was die Welt im Innersten zusammenhält. Gibt es einen Anfang? Gibt es ein Ende? Verringert sich die Lichtgeschwindigkeit, wenn man sie durch eine Behörde lenkt?

Bedauerlicherweise lernt man in einem naturwissenschaftlichen Studium vor allem eines: Man bekommt beigebracht, was wir alles *nicht* wissen. Und das ist verdammt viel. Schon vor 2500 Jahren sagte Sokrates: «Ich weiß, dass ich nichts weiß.» Und daran hat sich bis zum heutigen Tage gar nicht so viel geändert. Wie kam das Leben auf die Erde? Was war vor dem Urknall? Warum und womit schnurren Katzen? Und warum kotzen die immer nur auf den Teppich und nie aufs Parkett? Das sind trotz intensiver Untersuchungen nach wie vor ungeklärte Fragen.

Der am besten gesicherte Teil unseres Wissens besteht immer noch darin, was wir nicht wissen. Und es war schon immer eine große Versuchung, diese Wissenslücken mit den unterschiedlichsten Glaubensvorstellungen auszufüllen. Sonnenaufgang und -untergang wurden einst Helios und seinem flammenden Streitwagen zugeschrieben. Erdbeben und Flutwellen waren die Rache Poseidons. Und genau wie heute waren Skeptiker und Zweifler eher in der Minderheit. Schon Hippokrates war der Auffassung: «Die Menschen halten die Epilepsie für göttlich, nur weil sie sie nicht verstehen. Aber wenn sie alles göttlich nennen würden, was sie nicht verstehen, dann wäre des Göttlichen kein Ende.»

Anscheinend können wir uns nur sehr schwer damit abfin-

| WAS GERNE VERWECHSELT WIRD |

Photon

Futon

den, dass es möglicherweise zu den meisten Fragen überhaupt keine Antworten gibt. Oder dass vieles im Leben einfach so passiert. Ohne irgendeinen höheren Plan. Unangenehmerweise wimmelt unsere Welt aber von unklaren Phänomenen. Die meisten Dinge sind verdammt komplex. Frauen zum Beispiel. Oder Männer. Erst recht Frauen *und* Männer. Das Wetter, unser Girokonto, das Tarifsystem der Deutschen Bahn. Wie soll man das alles nur erklären?

Noch vor gar nicht so langer Zeit schien es offenkundig, dass die Erde flach ist. Offenkundig schien auch, dass schwere Körper schneller fallen als leichte, dass Blutegel die meisten Krankheiten heilen und dass manche Menschen von Natur aus Sklaven sind. All das schien einst offenkundig. Und hätte man nicht die Wissenschaften entdeckt, würden wir es noch immer glauben.

Quantenmechanik, Mikrobiologie oder Evolutionstheorie brachten Erkenntnisse, die unsere Sicht der Welt vollkommen verändert haben. Dadurch wissen wir mittlerweile in sehr vielen Bereichen, wie die Welt wirklich funktioniert. Aber dennoch haben wir nach wie vor noch nicht die leiseste Ahnung, *warum* die Welt funktioniert. Warum es überhaupt so etwas wie Atome gibt oder Naturkonstanten oder den Musikantenstadl. Man weiß es nicht. Und je mehr wir über kosmologische Zusammenhänge wissen, umso mehr drängt sich der Verdacht auf, dass sich das gesamte Universum vielleicht auch komplett sinnlos verhalten könnte.

Doch genau das macht die Wissenschaft so spannend. Weil die großen Grundfragen noch nicht im Ansatz gelöst sind: Ist das Universum unendlich oder einfach nur sehr groß? Ist es von ewiger Dauer oder einfach nur sehr langlebig? Und wenn das gesamte Universum expandiert, wann bekomme ich in der Innenstadt endlich wieder einen Parkplatz?

215 NACH – DENKEN

Zweifellos gibt es vieles, was wir noch nicht verstehen. Gut möglich, dass es so bleibt. In einem Universum, das vierzehn Milliarden Jahre alt ist und zehn Milliarden Lichtjahre groß, ist das unter uns auch keine Schande.

Vielleicht müssen wir uns damit abfinden, weder mit Hilfe unseres Glaubens noch mit unserem Verstand die entscheidenden Fragen beantworten zu können. Das Einzige, was wir tun können, ist, nicht allzu leicht zu glauben. Denn wer zu leicht glaubt, kann auch zu leicht für dumm verkauft werden.

Wissenschaftler mögen vielleicht mystische Offenbarungen ablehnen, für die es nur unbewiesene Aussagen von unsicheren Zeugen gibt. Aber sie halten ihr Wissen über die Natur kaum für vollständig. Die Wissenschaft ist weit davon entfernt, ein vollkommenes Instrument des Wissens zu sein. Sie ist einfach nur das Beste, was wir haben. Der große Francis Bacon sagte: «Wenn jemand mit Gewissheit beginnen will, wird er in Zweifeln enden. Wenn er sich aber bescheidet, mit Zweifeln anzufangen, wird er vielleicht zu Gewissheit gelangen.»

Genau deswegen bin ich so ein großer Fan der Wissenschaften. Denn im Gegensatz zu Ideologien, Religionen oder Weltanschauungen bringen sie den Menschen nicht bei, *was* sie denken sollen, sondern *wie* sie denken sollen. Denken Sie also lieber selbst. Denn Nichtdenken heißt glauben müssen, was andere sagen. Stimmt's?

↘ LÖSUNG UND AUSWERTUNG DENK-ÜBUNGEN

WELCHER ANTWORT-DENK-TYP BIN ICH?

A

Sie haben oft die erste Antwort gewählt – Sie sind ein typischer «A-SAGER». Sie entscheiden schnell und meistens, ohne die anderen Möglichkeiten zu kennen. Sie sind der Typ, der sich beim Autofahren auf der Autobahn am wohlsten fühlt.
TIPP: Etwas mehr Denken könnte nicht schaden. Nehmen Sie sich ein bisschen mehr Zeit und entscheiden Sie sich dann erst für «A». Wundern Sie sich aber nicht, wenn Sie gelegentlich die «A-Karte» erwischen.

B

Sie konnten sich nicht zwischen den Antworten entscheiden – Sie sind ein typischer «IM-KREIS-DENKER». Aus Angst, etwas falsch zu machen, vermeiden Sie es, eine eigene Position zu beziehen. Sie sind der Typ, der sich beim Autofahren im Kreisverkehr am wohlsten fühlt.
TIPP: Etwas weniger Denken könnte nicht schaden. Aber jetzt nicht voreilige Lösungen erwarten. Überlegen Sie nochmal in Ruhe, was das mit Ihrer Kindheit zu tun hat. Nicht so schlimm, die Erde dreht sich ja schließlich auch am liebsten um sich selbst.

C

Sie haben die Fragen komplett übersprungen — Sie sind der «ÜBERFLIEGER», Sie überlegen nicht mehr lange, Sie überfliegen. Auch wenn Sie manche deswegen für einen Tiefflieger halten, haben Sie es nicht mehr nötig, sich mit anderen messen oder testen zu lassen. Im Straßenverkehr fühlen Sie sich am wohlsten im Hubschrauber.
TIPP: Überlegenheit kann man auch durch überlegen gewinnen.

D

Jemand anderes hat für Sie die Fragen beantwortet — Sie sind der «OUTSOURCE-TYP», Sie lassen denken, und zwar genau da, wo man sich selber blamieren könnte. Das ist sehr schlau. Im Autoverkehr sind Sie Bei- oder Bahnfahrer.
TIPP: Weiter so. Aber lassen Sie sich doch mal erzählen, was so im Rest des Buches steht.

HAT MICH DIESES BUCH VERÄNDERT?

Beim Thema Erderwärmung dachten Sie VOR dem Lesen des Buches:
  Ich war es nicht!
  Das guckt sich weg
  Soll erst mal der Nachbar seinen blöden Jeep abschaffen
  Wir brauchen Energiesparlampen auch in Flugzeugen!

Und JETZT denken Sie:
  Kühlen Kopf bewahren
  Das läuft nach einem ganz einfachen Al-Gore-Rhythmus
  Wer im Treibhaus sitzt ...
  Die Atmosphäre kocht auch nur mit Wasser

DENKEN SIE SELBST ...

DENKSPORT MIT LÖSUNG

I. James Cook, berühmter Weltumsegler, machte drei große Fahrten. Auf einer dieser Touren verstarb er. War es A) die erste, B) die zweite oder C) die dritte?

Die Antwort weiß ganz allein der Wind ...

Cook soll noch selbstbewusst gesagt haben: «Sterben? Das ist das Letzte, was ich tue!»

II. Es gibt Monate mit 30 Tagen, es gibt Monate mit 31 Tagen. Wie viele Monate im Jahr haben 28 Tage?

Antwort: 12, denn ALLE Monate haben 28 Tage.

III. Der Arzt verschreibt vier Tabletten, jede halbe Stunde soll eine genommen werden. Wie lange braucht man, um alle vier einzunehmen?

Antwort: neunzig Minuten – nicht zwei Stunden, wie man denken könnte, weil ja bei dreißig Minuten schon die zweite genommen wird, die erste bei Minute null.

IV. Was ist das: Tagsüber sitzt man drauf, nachts schläft man drin, und morgens putzt man sich damit die Zähne?

Antwort: ein Stuhl, ein Bett und eine Zahnbürste! (So was muss man mögen)

V. Wenn Sie jetzt frustriert sind, drehen Sie doch mal das Spiel um:

Die Lösung lautet «4». Denken Sie sich einfach eine passende Frage dazu aus!

↘ GE–DANK–EN

Denken Sie selbst, sonst tun es andere für Sie! – Ich will ganz ehrlich sein: Ab und an ist es doch hilfreich, dass andere für einen denken. Cleveres Outsourcen ist mitunter besser als kräfteraubendes Im-Kreis-Denken. In diesem Fall gelang es sogar, mit Hilfe von intelligenten Fremddenkern ein fundamentales Gesetz der Mathematik zu widerlegen: Das Ganze ist mehr als die Summe seiner Teile. Deswegen möchte ich mich an dieser Stelle bei all meinen Mitdenkern für ihre klugen Gedanken bedanken:

Danke an Susanne Herbert, meine Managerin, die den Großteil meines Lebens organisiert, die mich und dieses Buch von der ersten bis zur letzten Zeile begleitet hat und es mit liebevoller Strenge redigiert hat. Sie kennt Teile, die außer ihr nie jemand gelesen hat (und zum Glück kann sie Dinge für sich behalten). Danke, Susanne, für alles!

Danke an Eckart von Hirschhausen, der seit vielen Jahren meine künstlerische Entwicklung maßgeblich begleitet, als Regisseur, Ideengeber und Freund. Zu diesem Buch hat er nicht nur sein warmherziges Vorwort, viele geniale Pointen und die «Denkübungen» beigesteuert, sondern auch die meisten Ideen für die Illustrationen. Eckart hat die erstaunliche Fähigkeit, innerhalb von zwei Minuten alles in Frage zu stellen und völlig neue Konzepte zu entwickeln – und man kann ihm nicht mal böse dafür sein, im Gegenteil.

Danke an Andy Hartard für die umfangreiche Recherche zu den skurrilsten wissenschaftlichen Forschungsgebieten. Vieles davon hat es leider nicht ins Buch geschafft. Gerne hätte ich die Arbeiten des Biologen Diego Golombek ausgeführt, der den

Nachweis erbrachte, dass Viagra die Nebenwirkungen des Jetlags mindern kann – allerdings nur bei Hamstern.

Danke an Esther Wienand und Sven Lipok für die Buchgestaltung und die Illustrationen. Es gab viele Fassungen. Gut ist, wer sich bis zum Schluss nicht aus der Fassung bringen lässt. Jede Sekunde von euch hat sich gelohnt!

Danke an Julia Vorrath und Barbara Laugwitz vom Rowohlt Verlag für die spontane Begeisterung, was das ursprüngliche Buchkonzept anging, und für die Offenheit, dieses wieder über den Haufen zu werfen. Danke für die inhaltlichen und gestalterischen Freiheiten.

Und natürlich ein ganz großes Dankeschön an das gesamte Team von Herbert Management – ihr seid die Besten!

Die Leber wächst mit ihren Aufgaben
Dr. med. Eckart von Hirschhausen · Rowohlt Verlag
ISBN 978-3-499-62355-4

hirschhausen.com

Eckart von Hirschhausen schreibt nicht nur Vorworte für Vince Ebert, sondern auch ganze Bücher.

LACHEN SIE SELBST
sonst tut es keiner für Sie!

VORSICHT! ÜBER 900.000 BEGEISTERTE LESER KÖNNEN SICH IRREN!
Bitte kaufen Sie sich selbst ein Buch und bilden sich Ihr eigenes Urteil. Noch besser: Sie verschenken fünf Bücher an repräsentative Freunde und sichern Ihren Spaß auch statistisch ab.

NIX FÜR SCHWARZ-WEISS DENKER:

www.eichborn-lido.de

DIE NEUE CD VON VINCE EBERT!

Das aktuelle Bühnenprogramm von Vince Ebert gibt es jetzt auch auf CD! Zum Mitdenken und Weiterdenken. Zum Entspannen – mit Elefantenwitzen. Und zum Angeben und Weitergeben: "Denken lohnt sich!" – die erste CD mit zweiter CD zum Brennen und Weiterschenken. Schwarz aber legal. Mit extra Cover. Ein perfektes Geschenk für alle, die glauben, Denken werde überschätzt!

AB SOFORT IM HANDEL:

Vince Ebert: Denken lohnt sich
978-3-8218-6302-3
uvb. Preisempf: 17,95 Eur
Eichborn Verlag

AUCH AUF CD ERHÄLTLICH:

Vince Ebert: Urknaller
978-3-8218-6303-0
uvb.Preisempf: 14,95 Eur
Eichborn Verlag

Eichborn LIDO